智能网联车辆
个性化运动控制与测试评价方法

李浩然 郑四发 孙 川 许述财 著

Personalized

Motion

Control

and

Test

Evaluation

Method

for

Connected

Vehicles

清华大学出版社
北 京

内 容 简 介

本书针对自动驾驶车辆的个性化决策、规划、控制及测评方法展开研究，建立自动驾驶车辆的决策框架，利用自然驾驶实验分析的结果标定模型参数，提出体现人类驾驶行为的自动驾驶方法，在此基础上研究考虑环境车行为特征的自动驾驶系统，使车辆的自动驾驶能够体现人类驾驶员的个性特征，最后构建测试评价体系，实现算法的量化测试。

本书的研究不仅能改善驾驶员/乘员对自动驾驶的接受度，还能够提高道路交通安全水平，促进自动驾驶车辆的应用与推广。本书可作为智能汽车、智能交通领域的科研人员和工程技术人员的参考书。

版权所有，侵权必究。举报：010-62782989，beiqinquan@tup.tsinghua.edu.cn。

图书在版编目（CIP）数据

智能网联车辆个性化运动控制与测试评价方法/李浩然等著. —北京：清华大学出版社，2023.2（2024.7重印）
ISBN 978-7-302-62738-8

Ⅰ. ①智… Ⅱ. ①李… Ⅲ. ①汽车－智能通信网－运动控制－测试 ②汽车－智能通信网－运动控制－评价 Ⅳ. ①U463.67

中国国家版本馆 CIP 数据核字（2023）第 027748 号

责任编辑：许　龙
封面设计：傅瑞学
责任校对：赵丽敏
责任印制：丛怀宇

出版发行：清华大学出版社
网　　址：https://www.tup.com.cn，https://www.wqxuetang.com
地　　址：北京清华大学学研大厦 A 座　　邮　编：100084
社 总 机：010-83470000　　邮　购：010-62786544
投稿与读者服务：010-62776969，c-service@tup.tsinghua.edu.cn
质量反馈：010-62772015，zhiliang@tup.tsinghua.edu.cn

印 装 者：三河市人民印务有限公司
经　　销：全国新华书店
开　　本：185mm×230mm　　印　张：8.5　　字　数：181 千字
版　　次：2023 年 2 月第 1 版　　印　次：2024 年 7 月第 3 次印刷
定　　价：65.00 元

产品编号：100157-02

前言

车辆自动驾驶系统始终要为人类提供服务,因此需考虑人类的个性化驾驶需求。在实际的道路交通环境中,不同驾驶员的驾驶行为特性具有显著差异性,单一行为模式的自动驾驶决策与控制方式无法适应不同驾驶员的驾乘需求。特别地,对于高级别自动驾驶而言,若自动驾驶行为与人类预期不相符,会降低人类对自动驾驶系统的接受度,并在紧急情况下引发人类驾驶员的恐慌,进而造成安全事故。然而,当前的自动驾驶车辆决策、规划与控制,未考虑不同人类驾驶员之间的行为差异性。

本书针对自动驾驶车辆的个性化决策、规划、控制及测评方法展开研究,建立自动驾驶车辆的决策框架,利用自然驾驶实验分析的结果标定模型参数,提出体现人类驾驶行为的自动驾驶方法,在此基础上研究考虑环境车行为特征的自动驾驶系统,使车辆的自动驾驶能够体现人类驾驶员的个性特征,最后构建测试评价体系,实现算法的量化测试。具体地,本书开展的研究工作如下:

(1)利用高速公路自然驾驶数据,提取典型驾驶场景下的个性化驾驶操作特征。通过开展自然驾驶实验,基于时序模糊 C 均值聚类算法,将换道、跟驰数据划分为不同的阶段,分析不同驾驶员在跟驰、换道场景下的车头时距、车道偏移、速度、航向角、加速度、横摆角速度及横摆角加速度的差异。根据所需标定的参数数量以及不同驾驶员自然驾驶特征变量差异的显著程度,选取车头时距、加速度以及横摆角加速度变量作为体现驾驶员差异性的指标。

(2)基于混成自动机方法,提出个性化自动驾驶行为决策框架。针对体现人类驾驶行为的自动驾驶和考虑环境车行为特征的自动驾驶,分别设计混成自动机决策框架。基于改进的人工势场方法,提出自动驾驶车辆的个性化轨迹规划方法。建立障碍物势场(如路面散落物)、道路势场、环境车势场等,结合自然驾驶状态下典型驾驶场景的个性化操作特征,对人工势场模型的主要参数进行标定,生成个性化轨迹。

(3)基于改进的模型预测控制(Model Predictive Control,MPC)方法,设计能适应多种典型驾驶场景的个性化轨迹跟踪控制器。为了消除传统 MPC 控制器内部模型失真造成的稳态误差，在传统 MPC 算法中加入一个 PID 反向通道。同时，为解决 MPC 控制器消耗过多计算资源的问题，对其进行显式化，将优化求解的过程离线处理，实现 MPC 的实时控制。然后，基于混成自动机，实现在不同驾驶场景下多控制器的模式切换。最后，基于机会约束模型将不同驾驶员的操作特性引入 MPC 控制算法中。

（4）研究考虑环境车行为特征的决策、规划与控制方法。提出驾驶行为相容性的评价指标，针对不同的驾驶行为相容性程度，自动驾驶车辆与环境车之间采取不同的协同策略，并设计基于分布式 MPC 算法结构的自动驾驶控制器，避免出现未考虑环境车行为特征的"误判"的情况，使控制结果更加符合驾驶员的个性化需求。

（5）研究个性化算法的测试评价体系。通过层次分析法和德尔菲法搭建了自动驾驶车辆的评价指标体系，并将其分为多个层级。通过综合考虑主、客观权重的方法融合得到的综合权重确认方法来确认自动驾驶车辆智能水平定量综合评价体系每个层级中所有评价指标权重。最终通过模糊综合评价法对自动驾驶车辆进行综合定量评价，并计算得出该自动驾驶车辆综合智能水平分数的最终结果。

本书针对自动驾驶车辆的个性化决策、规划、控制与测评问题展开研究。一方面，建立自动驾驶车辆的决策、规划与控制系统架构，在自然驾驶实验分析基础上标定模型参数，使其能够体现人类驾驶员的个性特征；另一方面，通过软件在环仿真、硬件在环仿真和实车实验三种实验方式，对决策、规划与控制方法进行了验证。本书提出的个性化决策、规划与控制算法，能够控制车辆较为平稳地完成跟驰、换道等典型的驾驶场景，并体现出一定的驾驶行为个性。该研究不仅能改善驾驶员/乘员对自动驾驶的接受度，还能够提高道路交通安全水平，促进自动驾驶车辆的应用与推广。

本书是作者在近年来研究工作的基础上写作而成的，衷心感谢清华大学车辆与运载学院郑四发教授、王建强教授，以及武汉理工大学智能交通系统研究中心吴超仲教授、褚端峰研究员。本书的研究成果为作者在武汉理工大学智能交通系统研究中心攻读博士学位期间，在日本京都大学博士联合培养期间，在清华大学苏州汽车研究院/车辆与运载学院博士后工作期间以及武汉科技大学工作期间所得，向所有帮助过作者的领导、教授与同事们一并表示感谢。同时也感谢有关领导对作者工作以及书稿出版的支持。该专著出版受国家重点研发计划（2018YFE0204302）、国家自然科学基金（52002215）、江苏省青年基金项目（BK20220243）、苏州市工业和信息化局产业链核心技术攻关项目（20210210SB0053）的资助。限于作者的水平，书中难免有缺点与不完善之处，恳请批评指正。

作　者

2023 年 1 月

目录

第1章 绪论 1
   1.1 研究背景及意义 1
   1.2 国内外研究现状与分析 2
      1.2.1 个性化驾驶研究现状 2
      1.2.2 驾驶员行为建模研究现状 3
      1.2.3 自动驾驶决策规划与控制研究现状 6
   1.3 研究内容 7

第2章 面向个性化自动驾驶的自然驾驶数据分析 9
   2.1 自然驾驶实验 9
   2.2 自然驾驶数据分析 11
   2.3 个性化驾驶行为特征提取 15
      2.3.1 跟驰场景下的驾驶行为特征提取 16
      2.3.2 换道场景下的驾驶行为特征提取 22
   2.4 个性化驾驶行为特征验证 27
   2.5 本章小结 29

第3章 个性化自动驾驶决策框架 31
   3.1 体现人类驾驶行为的自动驾驶决策框架 34
   3.2 考虑环境车行为特征的自动驾驶决策框架 35
   3.3 本章小结 37

第4章 基于人工势场法的自动驾驶轨迹规划 38
   4.1 障碍物势场建模 38
   4.2 道路势场建模 39

4.3　环境车势场建模 …………………………………………………… 40
　　4.4　本章小结 ………………………………………………………… 43
第5章　面向个性化车辆轨迹跟踪的 MPC 算法 ………………………… 44
　　5.1　车辆横向反馈控制算法 …………………………………………… 45
　　5.2　车辆纵向控制算法 ………………………………………………… 52
　　5.3　反馈 MPC 的软件在环仿真测试 ………………………………… 55
　　5.4　本章小结 ………………………………………………………… 60
第6章　考虑环境车行为特征的分布式 MPC 算法 ……………………… 61
　　6.1　基于驾驶行为相容性分析的自动驾驶行为决策 ………………… 62
　　6.2　分布式 MPC 控制设计 …………………………………………… 67
　　6.3　分布式 MPC 的软件在环仿真测试 ……………………………… 71
　　6.4　本章小结 ………………………………………………………… 72
第7章　个性化自动驾驶实验测试平台 …………………………………… 73
　　7.1　硬件在环 ………………………………………………………… 74
　　　　7.1.1　硬件在环仿真测试平台 …………………………………… 74
　　　　7.1.2　仿真实验结果及分析 ……………………………………… 80
　　7.2　实车测试 ………………………………………………………… 88
　　　　7.2.1　实车测试平台 ……………………………………………… 88
　　　　7.2.2　实车实验结果及分析 ……………………………………… 91
　　7.3　本章小结 ………………………………………………………… 93
第8章　个性化自动驾驶车辆综合能力的定量评价 ……………………… 94
　　8.1　自动驾驶智能水平等级划分 ……………………………………… 94
　　8.2　自动驾驶车辆评价指标体系 ……………………………………… 95
　　　　8.2.1　评价指标体系建立 ………………………………………… 95
　　　　8.2.2　评价指标的选取 …………………………………………… 96
　　8.3　自动驾驶车辆评价指标权重的确定 ……………………………… 98
　　　　8.3.1　熵值法 ……………………………………………………… 98
　　　　8.3.2　序关系分析法 ……………………………………………… 99
　　　　8.3.3　综合权重 …………………………………………………… 100
　　8.4　自动驾驶车辆智能水平的综合定量评价 ………………………… 100
　　　　8.4.1　模糊综合评价法 …………………………………………… 100
　　　　8.4.2　测试条件评价模型建立 …………………………………… 101

8.5 本章小结 ·· 102
参考文献 ·· 103
附录 A ·· 107
附录 B ·· 122

第1章 绪 论

1.1 研究背景及意义

随着汽车产业的不断发展和汽车保有量的迅速攀升,汽车在带来出行方便的同时也造成了交通事故、交通拥堵等问题。自动驾驶车辆的发展为这些问题提供了新的解决方案。自动驾驶车辆的发展将升级我国传统交通体系,改变人-车-路之间的关系。

自动驾驶车辆的控制系统通常由"感知融合—决策规划—运动控制"三个部分构成。自动驾驶车辆系统由感知层接收信息,并对这些信息进行融合处理,随后展开决策及轨迹规划,再由车辆控制器控制自动驾驶车辆,引导车辆进行预定的操作(如跟踪期望轨迹),从而完成车辆行驶任务。

在现有研究中,自动驾驶车辆的决策和规划较少考虑不同驾驶员之间的差异性。在实际的道路交通中,不同驾驶员的车辆操作特点是不同的。以跟驰和换道场景为例:在跟驰场景中,个性激进的驾驶员倾向于保持较近的跟车距离,而个性保守的驾驶员则偏向于保持较大的跟车距离;在换道场景中,个性激进的驾驶员换道迅速,而个性保守的驾驶员会尽可能使车辆平缓地完成换道过程。传统的固定模式的决策、规划与控制方式已经难以适应不同驾驶员/乘员对车辆行驶的个性化需求。因此,有必要分析驾驶员的实际操作数据,研究驾驶员的个性化特征,根据个性化特征设计、开发个性化的自动驾驶车辆决策、规划和控制系统。自动驾驶车辆的个性化行驶的优点为:①能够提高驾驶员/乘员对自动驾驶技术的接受度,促进自动驾驶的推广;②在自动-非自动混合行驶的交通环境中,能够使自动驾驶车辆更好地融入到非自动驾驶的交通流中,保证交通系统的稳定和安全。

本书在车路协同环境下对智能网联车辆提出基于混成自动机的自动驾驶车辆决策框架,基于该架构,设计个性化的自动驾驶车辆决策、规划与控制系统,并且通过搭建实验测试平台等一系列方法对车辆个性化运动控制与测试提出可靠的评价方法。具体包括以下研究内容:①开展自然驾驶实验,采集、分析驾驶员在高速公路场景中的自然驾驶数据,研究典型驾驶场景中驾驶员的个性化特征;②建立基于改进人工势场算法的轨迹规划模型,利用自然驾驶数据分析的驾驶员个性化特征,对人工势场模型进行标定,标定后的模型能够产生个性化的期望轨迹;③设计基于改进模型预测控制方法的跟踪控制器,以实现对期望轨迹进行稳定、准确地跟踪;④搭建硬件在环测试平台以及实车测试平台对车辆决策、规划与控制的功能及可靠性进行进一步的测试,并对车辆的综合能力进行评价。

1.2 国内外研究现状与分析

本节从个性化驾驶、驾驶员行为建模、自动驾驶决策、规划与控制三个方面对与本书相关的国内外研究现状进行整理和分析。

1.2.1 个性化驾驶研究现状

驾驶风格(Driving Style)是当前驾驶行为研究的一个热点,它的研究对象是由驾驶员的习惯、心理、性格等形成的外在操作特点,具体体现在驾驶员驾驶期间的车速、加速度、车头时距等变量。目前,驾驶风格的分类是驾驶行为研究的一个重要方面,是对驾驶员驾驶行为评价的主要依据之一。近年来,从驾驶风格的角度探究交通安全问题逐渐成为一个研究热点。

驾驶风格的成因很复杂,是一个涉及心理学和社会学的研究问题。国内外学者对其进行了大量的分析,一般情况下,影响驾驶员驾驶风格的因素主要包括年龄、性格、性别、家庭等[1]。

国内外学者进行驾驶风格研究主要是通过问卷调查、测量量表等传统手段,如驾驶员行为测量量表(Driver Behavior Inventory,DBI)[2]。近年来,随着智能交通的快速发展,先进的车载数据采集技术为利用实车实验和模拟实验数据进行驾驶风格研究提供了便利的条件。Zoran 等利用车载设备采集的实际道路车辆行驶数据,分析了驾驶员的行为特点(包括驾驶员的平均车速、超速率、正向加速度均值等),建立了驾驶风格评价模型,在此基础上基于主成分分析、聚类分析等方法进行驾驶风格的识别[3]。Murphey 等根据实际行车状态下驾驶员加减速的强度进行驾驶风格的辨识,区分出平稳型、正常型和侵略型的驾驶员。之后进行了驾驶模拟实验,实验结果表明:侵略型的驾驶操作燃油消耗量最大[4]。Joeri 等探究了驾驶风格与燃油消耗以及污染物排放之间的相关性关系。结合实际道路实验和驾驶模拟实验的方法,研究了不同驾驶风格驾驶员的燃油消耗及污染物排放水平。国内学者也进行了大量相关的研究[5]。罗强等根据驾驶员历史行车数据中车辆横向状态变化规律,建立了驾驶风格分类决策系统[6]。王畅等开展了实车实验,分析了 20 名被试的实验数据,基于模糊综合评价方法,以车头时距、换道时长、超速率等特征参数,将被试驾驶员进行驾驶风格的分类[7]。Bellem 等利用模拟实验数据研究不同驾驶员对不同驾驶风格自动驾驶车辆的适应程度[8]。Qi 等利用实际驾驶员操作数据建立了驾驶风格的辨识模型,该模型能够快速准确地对驾驶员的驾驶风格进行识别[9]。

由上可知,当前个性化驾驶的研究还主要停留在研究驾驶风格的层面。传统的基于评价量表及调查问卷的驾驶风格研究方法有很强的主观性,研究结果不可避免地存在偏差。国内外研究者转而利用更为客观的实际行车数据来提取驾驶员的操作特性,据此进行驾驶风格研究。当前,智能交通系统正在向更为精细的个性化方向发展,寻求为驾驶员/乘员提供个性化的服务。因此,仅仅局限于三种或五种驾驶风格的分类不能满足该发展趋势的需求,故需要提取单个驾驶员的操作特征,研究单个驾驶员的个性化特征。大数据和自动驾驶技术的进步也为这一需求的实现提供了有力的支持。

1.2.2 驾驶员行为建模研究现状

驾驶员模型是指能够反映驾驶员操作特点的数学模型。驾驶员操纵车辆的一般过程为:感知环境信息,基于获得的信息进行决策规划,最后对车辆进行横向和纵向的控制。

1967 年 McRuer 等开启了车辆驾驶员模型的研究,他们将飞行员驾驶员模型的研究方法引入到车辆领域[10]。此后的驾驶员模型的研究主要分为基于传递函数的驾驶员行为建模、基于最优控制的驾驶员行为建模、基于数据的驾驶员行为建模等三类。

1. 基于传递函数的驾驶员行为建模

直观上,可以从控制理论的角度来解释驾驶员操纵车辆的行为,即驾驶行为就是驾驶员采用一定的控制律来消除实际轨迹与期望轨迹的误差的过程。基于古典控制理论方法的驾驶员模型最常见的为预瞄跟随模型,该模型能以较高的精度跟踪期望路径。控制过程如图 1-1 所示,图中 $G(s)$ 代表本车模型,驾驶员模型的感知模块 $P(s)$ 获取环境信息,根据该信息控制模块 $H(s)$ 输出对应的控制量,期望输出和实际输出之间有误差,则反馈模块 $B(s)$ 对该误差进行矫正。国内外学者基于实际情况,采用不同的数学模型(传递函数)对以上各个模块进行建模。驾驶员预瞄感知模块 $P(s)$ 可用迟滞环节[11],反馈模块 $B(s)$ 可用微分环节或迟滞环节[12],驾驶员控制模块 $H(s)$ 可用比例环节或神经肌肉模型[13]。我国汽车领域的著名专家郭孔辉院士,在该框架的基础上建立了驾驶员模型,该模型不仅考虑了驾驶员预瞄、延迟、跟踪等因素,还能够体现出驾驶员对本车动力学的认知情况与反应能力[14]。但是,该类建模方法没有考虑复杂的道路环境和驾驶场景对驾驶员及车辆运行的影响,并且基于线性控制方法的建模方式太简单,因此不适用于面向主动安全系统开发的驾驶员模型的建立。

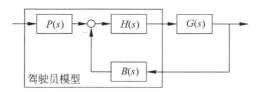

图 1-1 基于传递函数的预瞄驾驶员模型基本结构[15]

2. 基于最优控制的驾驶员行为建模

最优控制理论是指设计目标系统的数学模型,并设定对应的约束条件,将控制问题转化为优化问题进行求解。驾驶员的驾驶操作可以看作一个控制任务,则驾驶员在一定环境下的行车操作可以简化为一个优化问题,因此可以基于最优控制理论进行驾驶员模型的研究。

1980年MacAdam等结合预瞄控制模型,第一次将最优控制理论运用于驾驶员模型研究领域,目标函数为预测路径和参考路径的误差值,约束条件为车辆的运动学/动力学约束[16]。此后,Peng等提出了精度更高的转向驾驶员模型,该模型设计了一个二次目标函数,该函数能够体现侧向加速度误差、侧向轨迹跟踪误差和姿态角误差[17]。Sharp等依据线性二次型控制(Linear Quadratic Regulator,LQR)框架提出了多点预瞄线性控制驾驶员模型。区别于MacAdam的连续控制模型,该模型采用离散的车辆动力学模型,求解的二次代价函数包含了离散的路径误差和航向角误差[18]。在Sharp等的研究基础上,Odhams等开展了多种工况下的模拟驾驶实验,利用模拟驾驶实验数据对Sharp等的线性转向驾驶员模型进行参数标定,并引入了神经肌肉模型来建立驾驶员模型[19]。

基于模型预测控制(Model Predictive Control,MPC)的驾驶员行为模型是该方向的一个重要分支。MPC是一种利用滚动优化思想运行的控制策略,在每一个控制步长,基于系统当前的状态预测未来一定时间窗口内系统的状态,然后对控制量进行优化,以获取最优的控制输出,控制量作用于系统后,系统的状态获得更新,然后循环上面的过程。这个工作原理与人类驾驶员操纵车辆的方式很相近,人类驾驶员首先感知到当前时刻的车辆和交通的信息,大脑根据常识和驾驶经验,通过当前的车辆和交通状态预测未来一段时间内车辆和交通系统的状态,然后选择最理想的车辆控制方式,通过车辆控制系统对车辆进行横纵向控制,使本车获得新的状态,然后不停地循环上面的步骤。此外,驾驶员的驾驶行为会受到车辆动力学、交通流量、气候、路面状况等因素的限制,从这个角度来看,又与MPC在多约束条件下优化求解的思想是一致的,可见MPC算法与驾驶员的操作行为高度契合。因此,近年来MPC方法在汽车控制上得到了广泛的发展和应用。Ungoren等改进了MacAdam等的驾驶员模型,将路径偏差与路径偏差变化率引入到目标函数中[20]。Cole等对比了基于LQR和MPC两种方法的驾驶员转向控制模型,发现当MPC算法的控制时域与预测时域足够长时,基于MPC与LQR的驾驶员模型的控制性能很接近[21]。Falcone等深入研究了基于LTV的模型预测控制器,计算出了使LTV-MPC控制器渐近稳定的充分条件,并在湿滑路面上对该充分条件进行了验证,结果表明:该条件下路径跟踪的过程中本车具有稳定的横向状态特性[22]。

内部模型是MPC控制方法的核心,换句话说,其内部模型的精度越高,MPC的控制效果也就越好。因此,如何提高MPC内部模型的精确性,成为一个研究的热点。通常情况下,应用于传统MPC内部模型的数学模型为线性的车辆运动学模型,并未考虑系统机构的非线性特征,这其中对车辆运动状态影响最大的是轮胎的非线性特征。基于线性车辆动力学模型MPC算法的驾驶员模型作用于真实车辆时,由于实际车辆是一个复杂的非线性系统,因此必然会导致输出的控制量和实际需要的控制量之间有一定的误差。当前,国内外学者解决这一问题的主要思路是设计拥有复杂非线性车辆动力学内模的 MPC 驾驶员模型。Keen 等基于模型预测控制方法设计了一个非线性驾驶员转向模型,该驾驶员模型利用考虑轮胎非线性侧偏特性的车辆动力学模型作为内模来设计 MPC 控制器[23]。采用分段线性化的方式拟合轮胎的非线性特性,得到考虑轮胎非线性特性的分段非线性车辆动力学模型,使 MPC 的内模和实际的车辆状态特性更加相符。仿真实验结果表明:这种分段非线性内模框架与 MPC 相结合的方法能够稳定、准确、快速地控制具有大量非线性特征的汽车。此外,Keen 等开展了实车实验,根据采集的实验数据对 MPC 转向控制器的主要参数进行标定。参数标定的方法是以最小化转向角预测误差为目标的间接标定方法,该方法能够在一定程度上消除系统噪声干扰[24]。

上述讨论的基于 MPC 方法的驾驶员建模方法虽然能够模仿驾驶员的决策、规划与控制过程及相关的约束条件,但车辆与交通系统受到了多种不确定性及随机因素的影响,而传统的 MPC 算法很难处理包含大量随机与不确定性的问题。国内外学者开始针对这一问题展开研究,有研究利用鲁棒控制的思想改进 MPC 算法,可以在一定程度上处理噪声扰动及其不确定性,但是该模型的保守性太强,不符合人类决策控制的习惯[25]。针对以上问题,有学者在理论上从不同角度将概率思想引入到 MPC 方法中,形成了基于随机模型预测控制(Stochastic Model Predictive Control,SMPC)的驾驶员行为模型。比如,郭孔辉院士基于 SMPC 方法将天气、道路环境及驾驶员的身心特征的不确定性引入到驾驶员模型中,取得了很好的决策控制效果[26],该方法可以在降低系统保守性与应对随机性问题方面取得平衡,获得了良好的控制效果。

MPC 方法能够较好地描述驾驶员的感知-决策-控制过程,并能够体现出驾驶场景中的各类约束条件,该方法十分适合于建立驾驶员模型。该方法的最大问题是其内模的精确性直接影响到控制效果的好坏。因此,国内外学者进行了大量的研究以期提高 MPC 方法的控制精度,主要做法有两种:一是利用非线性的车辆动力学模型建立 MPC 的内模,以此体现车辆系统的非线性特征;二是引入概率论的方法建立基于 SMPC 的驾驶员模型以体现人-车-路系统的不确定性干扰。这两种方法都取得了较好的效果,但是基于这两种思路设计的驾驶员模型结构十分复杂,参数标定难度较高,很难应用于实际工程之中。随着当前自动驾驶技术的迅速发展,自动驾驶车辆产业化的趋势日趋显著,因此急需一个不依赖于内模精确的 MPC 方法。

3. 基于数据的驾驶员行为建模

融合通信、感知、定位和计算机等技术为一体的智能交通系统在运行的过程中会产生海量的、多维度的道路、车辆、行人、交通等运行情况的数据。基于数据挖掘和人工智能技术,利用智能交通大数据建立道路、车辆、驾驶员等交通元素的精确模型已逐渐成为研究的热点。

驾驶员的驾驶行为会受到天气、行人、路面状况等多种外界因素以及视觉、感知、情绪、疲劳等内部因素的影响,这些因素都具有随机性和不确定性,因此在进行高精度的驾驶员模型研究时,一般都会考虑利用随机变量或随机过程方法。Peng 等利用不确定性的思想,建模驾驶员的跟车行为,并利用实验数据标定模型的各种参数,获得了可以较为准确地模拟驾驶员特征的跟车行为模型[27]。Zou 等基于隐马尔可夫模型(Hidden Markov Model, HMM)方法对驾驶员在交叉路口场景中的驾驶行为进行分析和建模,该驾驶员 HMM 模型可以对交叉口的驾驶员行为进行模拟和预测[28]。Yuan 等基于 HMM 算法建立了城市巴士驾驶员的行驶模型,并用实际的数据进行模型标定,该模型可以模拟和预测巴士车辆的能耗和污染排放[29]。Chen 等利用车辆运动轨迹提出稀疏表示方法描述驾驶行为决策特性[30]。Ramyar 等提出使用支持向量机方法学习车辆换道时驾驶行为决策特性[31]。基于数据驱动的驾驶员模型能够体现交通环境、驾驶行为特征与驾驶员物理特性的相关性关系,但该驾驶员模型结构过于复杂(大部分都是黑箱模型),模型扩展性较差,不利于我们开展驾驶员驾驶行为产生机理方面的研究。

国内外学者利用传递函数、最优控制、数据对驾驶员行为进行建模。但是,理想的自动驾驶车辆系统需要考虑驾驶员/乘员和车辆之间的友好交互,使驾驶员/乘员获得良好的使用体验,目前针对这方面的研究较少。德国科学家 Heide 等提出了"更加舒适"的自动驾驶的理念[32]。Abdul 等基于小脑模型建立了个性化的拟人车辆控制器[33]。Wang 等基于 HMM 利用实际的驾驶数据建立了个性化车道偏移预警模型,可以根据不同的驾驶员特性制订不同的预测方案[34]。吉林大学的严伟等利用实际驾驶员行车数据,开发了智能化的 ACC 系统,该系统可以模拟人类驾驶员的驾驶特性[35]。清华大学的张磊等建立了有自学习功能的个性化线性跟车控制模型[36]。Lan 等利用实际驾驶数据标定转向回正时刻、转向回正过程和转向回正结束点,设计了车道保持系统[37]。以上的这些研究还仅仅停留在单车安全辅助驾驶系统的个性化改造阶段,高级别的自动驾驶车辆,特别是考虑人类驾驶个性与环境车行为特征的自动驾驶决策控制的研究依然任重而道远。

1.2.3 自动驾驶决策规划与控制研究现状

无人驾驶系统主要包括决策、规划与控制三部分的内容。决策算法一般可分为基于规则的、基于概率的和基于学习的。基于规则的决策算法指按照预设的规则输出相应的驾驶决策,预设规则的来源一般为经验和常识。基于概率的决策算法为根据不同的交通场景,通过概率模型输出最恰当的自动驾驶决策策略,如隐马尔可夫链、概率图等。基于学习的决策算法为利用训练好的机器学习模型输出与交通环境情况相符合的决策策略,如 SVM、神经网络等方法,也包括最近兴起的强化学习等方法。目前,自动驾驶轨迹规划算法主要包括基于图搜索、基于插值、基于采样和基于数值优化四种。基于图搜索的规划方法,一般是对道路环境进行栅格化处理,并采用一些搜索算法寻找当前位置到目标位置的最优路径,如 Dijkstra、A*、D*等搜索算法。基于插值的轨迹规划算法,是利用数学曲线拟合起点到终点来获取轨迹,常用的曲线模型为 Spline 曲线、Bezier 曲线、多项式曲线等。基于采样的轨迹规划方法,是从起点开始向目标点位置进行随机采样,连接采样点与最近节点,去掉其中有障碍物阻挡的部分,最后得到规划的轨迹,如 RRT 算法(Rapidly Exploring Random Tree)。国内外学者进行了大量改进 RRT 算法的研究。基于数值优化的轨迹规划方法是设定车辆动力学和交通环境约束,建立目标函数,进行轨迹规划,如群优化算法等。自动驾驶的控制是指操纵车辆对规划的目标轨迹进行跟踪,包括横向控制和纵向控制两个方面。横向控制为操控车辆的转向系,使车辆横向位置接近目标轨迹。纵向控制是指对车辆速度的操控。跟踪控制包括 PID、滑模控制、MPC 等传统控制方法和当前流行的基于学习的控制方法。但是,目前自动驾驶的决策、规划与控制算法主要考虑车辆当前的行驶状态和交通环境情况,少有将驾驶员的个性化操作特征引入到自动驾驶技术的研究中。

综上所述,当前上述三方面的研究仍存在以下问题:①现有的个性化驾驶研究主要关注不同群体的驾驶风格分类,驾驶员的个性化特征较少体现在自动驾驶车辆的决策、规划与控制中;②现有的非线性模型预测控制方法虽在驾驶员模型构建中取得了较好效果,但该类驾驶员模型结构复杂,参数标定难度高,很难应用于工程实际中;③现有的个性化驾驶主要面向单个车辆的辅助驾驶系统,较少研究考虑环境车行为特征的自动驾驶决策与控制。因此,本书开展智能汽车个性化驾驶行为决策与运动控制方法的研究。

1.3 研 究 内 容

本书利用自然驾驶实验数据提取不同驾驶员的个性化特征,并基于这些特征标定人工势场的关键参数,在自动驾驶路径规划中体现驾驶员的个性;提出改进的 MPC 算法,降低它对高精度车辆内模的依赖性,提高它控制的实时性和对不同驾驶场景的适应性,并在控制约束中体现驾驶员的个性化特征;研究考虑环境车行为特征的自动驾驶决策与控制方法,体现不同车辆之间的交互影响。

以基于混成自动机的自动驾驶车辆决策框架为基础,建立个性化的人工势场轨迹规划器,设计面向典型驾驶场景的个性化模型预测控制器,实现体现人类驾驶行为和考虑环境车行为特征的自动驾驶决策与控制。具体来说,研究内容主要包括以下几点:

(1) 进行个性化自动驾驶的研究,首先要提取驾驶员个性化的行为特征。开展自然驾驶实验,利用自然驾驶数据研究驾驶员的个性化行为特征,提取能够表征驾驶员行为特征的个性化变量指标,为个性化自动驾驶算法的研究奠定基础。

(2) 为了简化自动驾驶系统的算法结构,设计自动驾驶的决策框架。车辆控制系统为一个离散与连续结合的混成系统,因此基于混成自动机算法,采用分层结构构建体现人类驾驶行为和考虑环境车行为特征的自动驾驶决策框架。

(3) 研究考虑驾驶员个性的轨迹规划算法,使其在保证车辆安全的前提下能够根据驾驶员的行为特征生成符合驾驶员个性的目标轨迹。

(4) MPC 算法的控制性能极大地取决于其内模的精确性,此外 MPC 滚动优化的机制使其运算效率较低。对 MPC 算法进行改进,一方面提高控制的精度和实时性,另一方增强它对不同驾驶环境的适应性,并能够体现出一定的驾驶员操作个性。

(5) 通过层次分析法和德尔菲法搭建了自动驾驶车辆的评价指标体系,并且通过模糊综合评价法对自动驾驶车辆决策、控制进行综合定量评价。

本书共分为8章。

第1章重点介绍了本书选题意义、研究现状及存在问题。

第2章针对个性化的自动驾驶算法研究的需要,分析典型驾驶场景中人类驾驶员的操作特点。首先,设计并进行自然驾驶实验,采集实验数据。然后,利用时序卡尔曼滤波等算法对自然驾驶数据进行除杂、平滑等预处理。基于C均值模糊聚类算法将人类驾驶员在典型驾驶场景中(跟驰和换道)的操作特征划分为不同的阶段,便于进行驾驶行为个性化特征的分析。最后,利用T检验法分析不同驾驶员在典型驾驶场景中不同驾驶阶段下驾驶行为的差异性。

第3章研究个性化自动驾驶的决策框架。车辆的决策控制是一个典型的混成系统,基于混成自动机建立自动驾驶车辆决策框架。对体现人类驾驶行为的自动驾驶而言,建立三层的混成自动机决策框架,分别为驾驶员模式离散状态位的切换层、行车模式离散状态位的切换层、连续的车辆动力学控制层。对考虑环境车行为特征的自动驾驶决策而言,构建四层决策框架,分别为驾驶员模式离散状态位的切换层、协同策略离散状态位的切换层、行车模式离散状态位的切换层、连续的车辆动力学控制层。

第4章基于人工势场法的个性化自动驾驶轨迹规划,研究自动驾驶车辆个性化轨迹规划的建模方法。首先,基于改进的人工势场算法对道路环境、障碍物、环境车以及目标点进行数学建模。然后,根据第2章获取的人类驾驶员个性化的驾驶行为特点,对人工势场模型的重要参数进行标定,产生典型驾驶场景中个性化的人工势场模型。最后,根据典型驾驶场景中个性化的人工势场模型生成个性化的自动驾驶车辆的规划轨迹。

第5章设计基于改进模型预测控制方法的个性化轨迹跟踪控制器。传统MPC控制方法由于内模失真会造成控制稳态误差。为了解决这一问题,在传统的MPC算法中加入一个PID反馈通路。为了提高MPC控制器的运算效率,基于MPC的显式化方法,优化控制器,实现MPC的实时控制。

第6章在建立的体现人类驾驶行为的自动驾驶系统基础上,研究考虑环境车行为特征的自动驾驶决策与控制方法。首先,为了在控制中体现环境车行为特征,提出了驾驶行为相容性的指标,该指标表示驾驶员驾驶行为个性化特征的相似程度。针对不同的相容性程度,采取换道、跟驰、超车等不同的协同策略,即相容性较高的驾驶员的协同策略趋向于跟驰,而相容性较低的驾驶员之间的协同策略更趋向于换道和超车。然后,设计基于分布式模型预测控制的决策控制方法,实现考虑环境车行为特征的决策控制。

第7章进行个性化自动驾驶实验测试与验证。设计多种测试场景,在硬件在环仿真测试平台和实车测试平台上对本书研究的个性化自动驾驶算法进行测试与验证。

第8章通过搭建合理的自动驾驶车辆的评价指标体系对自动驾驶车辆进行综合定量评价。

第2章 面向个性化自动驾驶的自然驾驶数据分析

由于年龄、性别、性格、驾驶经验等多方面因素的影响,不同的驾驶员会体现出不同的驾驶个性化特征,自然驾驶实验是研究驾驶员个性化特征的主要方法之一。本章利用自然驾驶实验数据,分析典型驾驶场景(跟驰和换道)中驾驶员的个性化特征,提出对应场景中能够体现驾驶员个性化特征的变量指标,为车路协同环境下智能网联车辆个性化运动控制与测试评价方法的研究奠定基础。

获取驾驶员个性化特征的关键变量需要大量驾驶操作和车辆运动数据,当前获取驾驶员操作和车辆运动数据的方式主要有模拟驾驶实验和自然驾驶实验两种方式。目前,基于驾驶模拟器进行的模拟实验存在驾驶场景和驾驶环境失真的问题,很难获得接近真实道路驾驶行为的数据,因此,我们开展了实际道路环境下的自然驾驶实验。

自然驾驶研究是指自然状态下利用高精度数据采集系统,观测、记录驾驶员真实驾驶过程的研究。在自然驾驶道路实验中,驾驶员只需按照各自习惯的方式进行驾驶。在实验车辆上装有监测、记录驾驶员行为和车辆运动数据的仪器设备、相关的数据采集系统和数据存储系统,在驾驶员驾驶的过程中实验车会自动记录下驾驶员的操作行为和车辆状态。自2004年起,美国就率先开展了自然驾驶实验,最有代表性的研究为密歇根大学开展的IVBSS和Safety Pilot项目。2012年同济大学启动了中国首个自然驾驶实验。基于这些自然驾驶实验的数据,国内外学者进行了很多研究。

2.1 自然驾驶实验

1. 自然驾驶实验车

武汉理工大学智能交通系统研究中心自行开发了自然驾驶实验车(基于长安悦翔1.5AT改造而来),如图2-1所示。该实验车有两方面的功能:一是能够实时采集车辆的速度、加速度等状态信息;二是能够监测驾驶员的驾驶情况。传感器设备:RT2500导航设备

（监测实验车的实时位置、速度、航向角等）、摄像头（监测车内驾驶员的驾驶状态和操作行为）、Mobileye（监测实验车与车道线的横向距离、实验车与前方障碍的车头时距）、方向盘传感器（监测方向盘转角、转角速度）、CAN 信息采集系统（通过 CAN 通信获取油门踏板行程、发动机转矩等数据），还包括两台工控机，用于处理传感器设备监测到的数据。

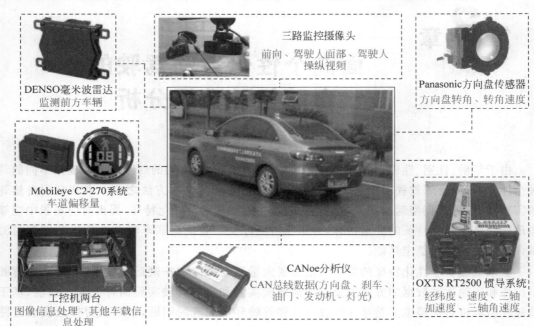

彩图 2-1

图 2-1 自然驾驶实验车

2. 自然驾驶实验被试

本研究中自然驾驶实车实验共招募被试驾驶员 50 名，被试条件如下：①为了确保被试的驾驶经验和驾驶水平相当，招募的被试均为职业驾驶员（如出租车司机、通勤车司机等）；②均为身体健康的中年驾驶员；③实验期间禁止饮酒和服用精神类药物。限于篇幅，选取其中 10 个被试的数据（男性 8 名和女性 2 名）作为代表进行分析，具体信息如表 2-1 所示。

表 2-1 自然驾驶实验被试基本信息统计

编号	性别	年龄	驾龄	职业	编号	性别	年龄	驾龄	职业
01	男	51	21	出租车	06	男	41	11	出租车
02	男	52	12	通勤车	07	男	42	23	出租车
03	男	35	5	出租车	08	男	41	11	出租车
04	男	51	11	出租车	09	女	52	22	出租车
05	男	32	12	通勤车	10	女	35	5	出租车

3. 自然驾驶实验过程及线路

本自然驾驶实验全部在高速公路路段上开展,选取的高速公路为 G70 福银高速公路汉十段,分 50 组进行,每组实验采集一个驾驶员一天的行车数据(早 9 点至晚 5 点)。为了排除天气因素和路面状态的影响,实验均选择能见度良好的晴天进行。具体的实验线路安排如图 2-2 所示,通过高速收费站后车载设备开始采集数据,下高速后实验结束,关闭设备。

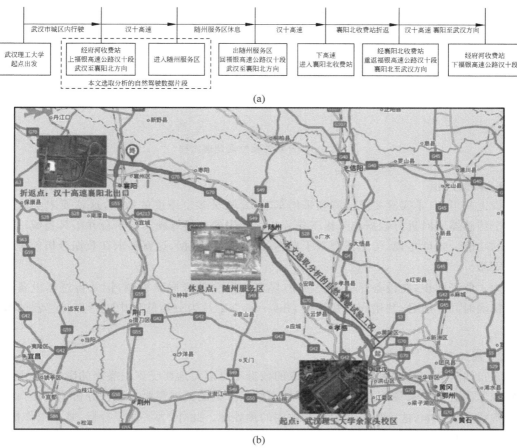

彩图 2-2

图 2-2 实验安排及线路
(a) 实验过程;(b) 实验线路

2.2 自然驾驶数据分析

2.1 节的自然驾驶实验获取了大量的数据,图 2-3 所示为本书采用的自然驾驶数据处理流程,原始数据经过同步和预处理后,基于一些统计学的方法可获取驾驶员的个性化特征规律。本节大体介绍自然驾驶数据分析的流程和方法,2.3节将具体利用该流程分析高速公路跟驰和换道场景下驾驶员的个性化特征,并根据实际情况对相应的参数进行选取和标定。

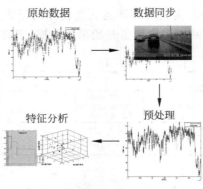

图 2-3 自然驾驶数据处理流程

1. 数据同步

由上文可知,本实验要求监测和采集车辆、驾驶员多个维度的数据,这就要求实验平台有多个传感器同时进行数据的采集工作。目前使用的自然驾驶实验平台并不具备统一数据采集的功能。也就是说,传感器会基于自己的时钟存储数据,这就要求在数据分析前进行时间的同步。

为了便于同步,在设备开机和关机时,随车人员会拍摄同步视频,记录传感器设备开关机的精确时间。随后,利用同步视频在Observer XT行为分析软件中进行多传感器的数据同步。

2. 预处理

在自然驾驶实验过程中,传感器获取的数据不可避免地要受到白噪声的影响,且由于一些客观原因会产生采集数据异常。为了提高数据分析的精度需要在进行分析前消除白噪声和异常数据的影响,这就要求我们进行数据的预处理。此外,为了便于分析、减小工作量,预处理时还将具有相似特征的数据进行分组聚类。

本研究利用卡尔曼滤波算法进行数据的预处理。针对自然驾驶数据中白噪声和奇异数据干扰的问题,卡尔曼滤波可以用于此类数据的预处理。

卡尔曼滤波是基于系统的状态特点对数据进行预测和平滑的,因此首先要确定系统的状态空间方程,如式(2-1)所示。

$$\begin{aligned} \boldsymbol{X}(t+1) &= \boldsymbol{F}_t \cdot \boldsymbol{X}(t) + \boldsymbol{V}(t) \\ \boldsymbol{Y}(t) &= \boldsymbol{H}_t \cdot \boldsymbol{X}(t) + \boldsymbol{W}(t) \end{aligned} \qquad (2\text{-}1)$$

式中,$\boldsymbol{X}(t)$ 为系统的状态变量;$\boldsymbol{Y}(t)$ 为观测量,即可以用传感器测得的变量;$\boldsymbol{F}_t$ 为状态转

移矩阵；$W(t)$ 和 $V(t)$ 为白噪声。

基于以上的状态空间方程设计卡尔曼滤波器，算法模型如式(2-2)和式(2-3)所示[38]。

$$\hat{X}_{(t|t-1)} = F_{t-1} \cdot \hat{X}_{(t-1|t-1)} \tag{2-2}$$

$$\hat{X}_{(t|t)} = \hat{X}_{(t|t-1)} + \Gamma_t (Y_t - H_t \hat{X}_{(t|t-1)}) \tag{2-3}$$

式中，$\hat{X}_{(t|t-1)}$ 为利用状态转移矩阵获取的状态变量；Γ_t 为卡尔曼增益。

卡尔曼滤波的核心问题就是卡尔曼增益 Γ_t 的获取，一般情况下卡尔曼增益由式(2-4)~式(2-6)所示的向前迭代的方式获取。

$$\Omega_{(t|t-1)} = F_{t-1} \Omega_{(t-1|t-1)} F_{t-1}^T + R_{t-1}^V \tag{2-4}$$

$$\Gamma_t = \Omega_{(t|t-1)} H_t^T [H_t^T \Omega_{(t|t-1)} H_t^T + R_t^W]^{-1} \tag{2-5}$$

$$\Omega(t|t) = (I - \Gamma_t H_t) \Omega_{(t|t-1)} \tag{2-6}$$

式中，$\Omega_{(t|t-1)} = E[(X_t - \hat{X}_{(t|t-1)})(X_t - \hat{X}_{(t|t-1)})^T]$ 为先验协方差；$\Omega_{(t|t)} = E[(X_t - \hat{X}_{(t|t)})(X_t - \hat{X}_{(t|t)})^T]$ 为后验协方差；R^V 和 R^W 为白噪声的协方差矩阵。

滤波除杂之后，还需要对数据进行聚类分组，常用的聚类分析法能够将数据划分为有不同意义的组，其基本原理如式(2-7)所示，通过数据分组使式中的 J 值最小。

$$J = \sum_{i=1}^{C} \sum_{k \in C_i} D(x_k, c_i) \tag{2-7}$$

式中，$D(x_k, c_i)$ 表示变量 x_k 到对应聚类中心 c_i 的距离。

本章中聚类分析的目的是为了划分跟驰、换道场景的各个阶段。具体地说，是将跟驰场景划分为靠近前车阶段、跟驰行驶阶段和与前车分离阶段[39]。将换道场景分为准备换道阶段、执行换道阶段和结束并线阶段[40]。这种数据的划分需求并不要求精确地将驾驶数据划分到某个组，组与组之间的界限不一定很清晰，因此模糊聚类能够很好地满足这一需求。本书所分析的数据都是按照时间序列排列的，而且在驾驶场景的阶段划分时必须要考虑时间先后顺序。比如，通常情况下跟驰场景一定是按靠近前车阶段→跟驰行驶阶段→与前车分离阶段这一顺序进行的。因此，本章采用时序模糊聚类算法对跟驰和换道驾驶场景进行阶段的划分。

传统的模糊C均值聚类算法如式(2-8)所示。

$$J = \sum_{i=1}^{C} \sum_{k=1}^{N} u_{ik}^m d_{ik}^2 \tag{2-8}$$

式中，u_{ik} 为数据 x_k 属于类 i 的隶属度；d_{ik} 为数据 x_k 与类 i 聚类中心的距离；m 为加权指数。

模糊C均值聚类的优化迭代过程如图2-4所示。图中聚类中心 c_i 和隶属度 u_{ik} 的计算方法如式(2-9)和式(2-10)所示。

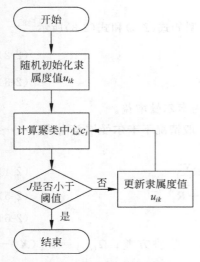

图 2-4 模糊 C 均值聚类流程

$$c_i = \frac{\sum_{k=1}^{N} u_{ik}^m x_k}{\sum_{k=1}^{N} u_{ik}^m} \quad (2-9)$$

$$u_{ik} = \frac{d_{ik}^{-\frac{2}{m-1}}}{\sum_{j=1}^{C} (d_{jk})^{-\frac{2}{m-1}}} \quad (2-10)$$

本章对跟驰驾驶场景和换道驾驶场景进行聚类分析,分别将其分为有时间先后顺序的三个阶段,这就要求聚类结果有时序特点。因此,在传统模糊 C 均值聚类的基础上要加入时序的约束,具体做法如式(2-11)所示。

$$J = \sum_{i=1}^{C} \sum_{t=1}^{N} u_{it}^m d_{it}^2 + \alpha \sum_{i=1}^{C} \sum_{t=1}^{N} u_{it}^m \sum_{\delta t=-r}^{r} d_{it,\delta t}^2 \quad (2-11)$$

式中,第一项代表所有数据变量 $\vec{x}_t$ 到全部聚类中心的惩罚值;第二项代表 $[t-r,t+r]$ 的时间领域内的数据到所有聚类中心的惩罚值;α 为权重值,其值恒为正;$d_{it,\delta t}$ 为数据 $\vec{x}_{t+\delta t}$ 到类 i 聚类中心的距离。

3. 特征分析

同步和预处理之后的数据,可以进行分析建模,本研究主要采用时域法进行个性化特征的分析。时域分析法顾名思义,就是研究数据在数据序列上的变化规律,常用的时域分析法有概率分析法、统计分析法、随机过程分析法等。

概率分析法利用的概率模型如式(2-12)所示,该模型能够体现驾驶行为特征变量 x 的概率分布情况。

$$F(x) = P(x \leqslant X) = \int_{-\infty}^{X} p(x) \mathrm{d}x \quad (2-12)$$

式中,$p(x)$ 为驾驶行为变量的概率密度函数。

统计分析法有期望(均值)、方差等多种分析指标。驾驶行为变量 x 的期望值 $E(x)$ 能够体现变量的平均程度,如式(2-13)所示。

$$E[x(t)] = \frac{1}{T} \int_0^T x(t) \mathrm{d}t \quad (2-13)$$

式中,T 为时间范围。

对于离散型驾驶行为信号,其期望如式(2-14)所示。

$$E[x(n)] = \frac{1}{n} \sum_{i=1}^{n} x(t_i) \quad (2-14)$$

式中,n 为总采样数。

驾驶行为变量 x 的中位数 M 也能够体现其平均程度,如式(2-15)所示。

$$M(x(t)) = \frac{\max(x(t)) - \min(x(t))}{2} \tag{2-15}$$

式中,$\max(x(t))$ 和 $\min(x(t))$ 为连续变量 $x(t)$ 的最大和最小值。

对于离散的驾驶行为变量,其中位数如式(2-16)所示。

$$M(x(i)) = \begin{cases} x(r+1), & n = 2r+1 \\ \dfrac{x(r) + x(r+1)}{2}, & n = 2r \end{cases} \tag{2-16}$$

式中,n 为总采样数。

驾驶行为变量 x 的方差 $S^2(x)$ 能够体现其值在一定范围内的变化情况,计算方法如式(2-17)[40]所示。

$$S^2(x(t)) = \frac{1}{T} \int_0^T [x(t) - E(x(t))]^2 \mathrm{d}t \tag{2-17}$$

式中,$E(x(t))$ 为连续变量的期望值。

对于离散型驾驶行为变量,其方差如式(2-18)所示。

$$S^2(x(n)) = \frac{1}{n} \sum_{i=1}^n [x(t_i) - E(x(i))]^2 \tag{2-18}$$

式中,$E(x(i))$ 为离散变量的期望值。

频域分析也是一种主要的数据分析手段,利用频域分析法能够得到一些在时间序列上无法获取的特征规律[41]。傅里叶变换可将数据的时域特征与频域特征联系起来。连续信号 $f(t)$ 傅里叶变换的方法如式(2-19)[41]所示。

$$F(\omega) = \frac{1}{\sqrt{2\pi}} \int_{-\infty}^{\infty} f(t) \mathrm{e}^{-\mathrm{j}\omega t} \mathrm{d}t \tag{2-19}$$

离散信号 $x(j)$ 的计算如式(2-20)[41]所示。

$$X(k) = \sum_{j=1}^N x(j) \omega_N^{(j-1)(k-1)} \tag{2-20}$$

式中,$\omega_N = \mathrm{e}^{-\frac{2\pi i}{N}}$,$N$ 为离散信号的样本点数。

以傅里叶变换为基础,在频域范围内进行数据分析的常用特征有自功率谱密度函数、倒谱峰值、均方频率等。

本研究基于自然驾驶实验数据的驾驶员个性化分析主要采用时域分析的方法,获取驾驶员操作行为的均值、方差及其分布规律,总结出能够体现驾驶员个性的特征指标变量。

2.3 个性化驾驶行为特征提取

本节根据上文的数据分析流程,对典型驾驶场景(跟驰和换道)中的自然驾驶个性化特征进行提取。以 01、02 两个被试的实验数据为例,介绍驾驶个性化特征的分析提取,分别编号 A、B。

2.3.1 跟驰场景下的驾驶行为特征提取

利用 2.1 节获取的自然驾驶数据,从中截取跟驰场景的数据,按照数据同步→预处理→特征分析的步骤提取跟驰场景下不同驾驶员的个性化特征。

1. 跟驰行为数据同步

跟驰场景下,驾驶员的特征主要体现在车辆的纵向操作上,因此,对跟驰场景的研究选取的变量如下所示:

$$[T_h(t), u(t), a(t)]^T$$

式中,$T_h(t)$ 为车头时距;$u(t)$ 为纵向车速;$a(t)$ 为纵向加速度。

图 2-5 所示为选取的一段跟驰的自然驾驶数据。首先,观看视频数据,确定跟驰操作的

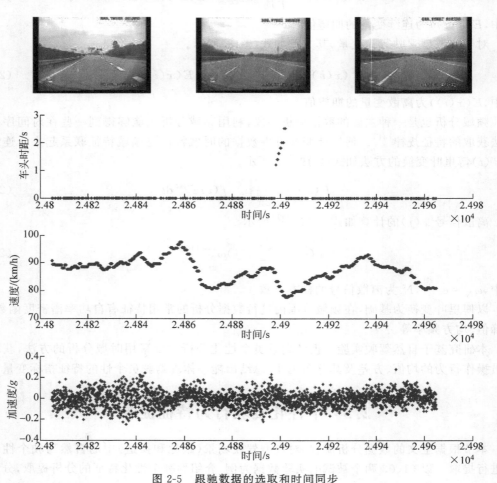

图 2-5 跟驰数据的选取和时间同步

开始和结束时刻。根据视频信息,该段跟驰数据开始的时间为第 24805s,结束的时间为第 24965s。然后,根据开始和结束的时刻,选取出对应的车头时距 $T_h(t)$、纵向车速 $u(t)$、纵向加速度 $a(t)$。车头时距数据中,只在第 24900s 附近时有有效的数据。因为本自然驾驶实验中采集车头时距的 Mobileye 系统的有效范围为 2.5s,因此当前车与本车的车头时距大于 2.5s 时记录的数据为 0。依据该方法,每个驾驶员选取 10 段跟驰数据并进行同步处理。

2. 跟驰行为数据预处理

根据 2.2 节的数据分析流程,基于卡尔曼滤波和时序模糊 C 均值聚类的方法对同步后的高速公路跟驰数据进行除杂平滑和聚类分组。

截取同步之后的跟驰车头时距 $T_h(t)$、纵向车速 $u(t)$、纵向加速度 $a(t)$ 数据,基于卡尔曼滤波进行除杂、平滑预处理。

采用状态变量如式(2-21)所示。

$$\boldsymbol{X}(t) = [s_n(t), v_n(t), a_n(t)]^T \tag{2-21}$$

式中,$s_n(t)$ 为本车与前车的距离;$v_n(t)$ 为本车车速;$a_n(t)$ 为本车的加速度。

观测量如式(2-22)所示。

$$\boldsymbol{Y}(t) = [T_n(t), v_n(t), a_n(t)]^T \tag{2-22}$$

式中,$T_n(t)$ 为车头时距。

由物理特性可得对应的差分方程如式(2-23)所示。

$$s_n(t+1) = s_n(t) + v_n(t)T_g + \frac{1}{2}a_n(t)T_g^2$$
$$v_n(t+1) = v_n(t) + a_n(t)T_g$$
$$a_n(t+1) = \beta a_n(t) + \theta(t) \tag{2-23}$$

式中,β 为加速度转移系数;$\theta(t)$ 为白噪声。

则建立状态空间方程如式(2-24)所示。

$$\boldsymbol{X}(t+1) = \boldsymbol{F}_t \cdot \boldsymbol{X}(t) + \boldsymbol{V}(t)$$
$$\boldsymbol{Y}(t) = \boldsymbol{H}_t \cdot \boldsymbol{X}(t) + \boldsymbol{W}(t) \tag{2-24}$$

式中,$\boldsymbol{F}_t = \begin{bmatrix} 1 & T_g & \frac{T_g^2}{2} \\ 0 & 1 & T_g \\ 0 & 0 & \beta \end{bmatrix}$;$\boldsymbol{H}_t = \begin{bmatrix} \frac{1}{v_t} & 0 & 0 \\ 0 & 1 & 0 \\ 0 & 0 & 1 \end{bmatrix}$;$\boldsymbol{V}(t)$ 和 $\boldsymbol{W}(t)$ 为白噪声。

状态方程确定之后,设计对应的卡尔曼滤波器,如式(2-25)[38]所示。此处预处理的数据为离线数据,即已经获取了所有的观测值,因此在原有卡尔曼滤波的基础上加入如式(2-25)所示的向后迭代的方式对样本数为 N 的数据进行除杂和平滑。

$$\hat{\boldsymbol{X}}_{(t|N)} = \hat{\boldsymbol{X}}_{(t|t)} + \boldsymbol{\Lambda}_t(\hat{\boldsymbol{X}}_{(t+1|N)} - \hat{\boldsymbol{X}}_{(t+1|t)})$$

$$\Omega_{(t|N)} = \Omega_{(t|t)} + \Lambda_t(\Omega_{(t+1|N)} - \Omega_{(t+1|t)})\Lambda_t^T$$
$$\Lambda_t = \Omega_{(N|t)}F_t^T\Omega_{(t+1|t)}^{-1} \tag{2-25}$$

式中,$\hat{X}_{(t|N)}$ 为基于全部的观测值 $Y_0,\cdots,Y_N$ 估测的 X_t 的值;$\Omega_{(t|N)} = E[(X_t - \hat{X}_{(t|N)})(X_t - \hat{X}_{(t|N)})^T]$ 为估测状态的协方差。

依据该方法,对上文中每个驾驶员选取的 10 段跟驰数据进行卡尔曼滤波处理。图 2-5 所示的一段跟驰数据的预处理结果如图 2-6 所示。

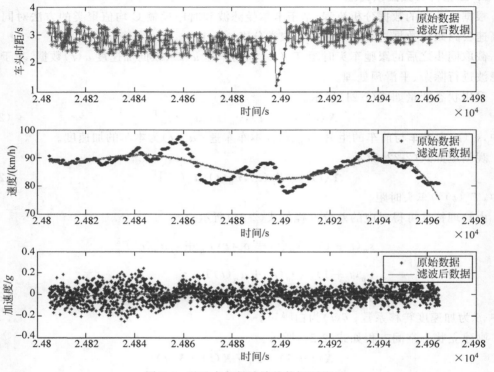

图 2-6 基于卡尔曼滤波的数据预处理

图 2-6 中,速度和加速度原始数据在经过卡尔曼滤波的预处理之后,获得了比较平滑的特征曲线。由于 Mobileye 设备的限制,它只能探测到 2.5s 以内的车头时距数据,因此车头时距中存在大量的数据 0。为了后续的研究,需要对缺失数据 0 进行补充,具体方法为基于系统的状态方程式(2-24),根据滤波后的速度、加速度和已知的车头时距数据计算出缺失的数据,如图 2-6 所示。

基于上文提出的考虑时序的模糊 C 均值聚类算法,对经过同步和预处理的数据进行分类,将每一段跟驰数据分为靠近前车阶段、跟驰行驶阶段和与前车分离阶段。

首先确定每个数据与每一个阶段的隶属度值 $\hat{u}_{ik}$。然后,根据式(2-26)[38]计算聚类中

心 $\hat{c}_i$。

$$\hat{c}_i = \frac{\sum_{k=1}^{N} \hat{u}_{ik}^m \hat{x}_k}{\sum_{k=1}^{N} \hat{u}_{ik}^m} \tag{2-26}$$

式中,$\hat{x}_k$ 为经过卡尔曼滤波后的数据,本研究中取 $m=2$。

再根据式(2-27)[38]计算新的隶属度值。

$$u_{ik} = \frac{\hat{d}_{ik}^{-\frac{2}{m-1}}}{\sum_{c=1}^{C} (\hat{d}_{ck})^{-\frac{2}{m-1}}} \tag{2-27}$$

式中,$\hat{d}_{ik}$ 为数据 $\hat{x}_k$ 到类 i 聚类中心的距离。

根据式(2-28)判断是否迭代结束。当 $\hat{J}$ 小于阈值时停止迭代,否则返回继续迭代。

$$\hat{J} = \sum_{i=1}^{C} \sum_{t=1}^{N} \hat{u}_{it}^m \hat{d}_{it}^2 + \alpha \sum_{i=1}^{C} \sum_{t=1}^{N} \hat{u}_{it}^m \sum_{\delta t=-r}^{r} \hat{d}_{it,\delta t}^2 \tag{2-28}$$

式中,$\hat{d}_{it,\delta t}$ 代表 $\hat{x}_{it-\delta t}$ 到类 i 聚类中心的距离,权重值取 $\alpha=3$。

对预处理之后的图 2-6 的数据进行时序聚类,其结果如图 2-7 所示。类 C1 为靠近前车阶段、类 C2 为跟驰行驶阶段、类 C3 与前车分离阶段。基于该算法,通过对变量车头时距、加速度、速度的聚类,可以自动地将跟驰的过程分为三阶段,便于后面对跟驰场景进行驾驶特征的分析。

3. 跟驰行为个性化特征分析

选择驾驶员 A 和 B 的自然驾驶数据,利用上文提到的数据同步、预处理和聚类分析,将这两个驾驶员的跟驰过程分为三个阶段(C1 靠近前车阶段、C2 跟驰行驶阶段、C3 与前车分离阶段),统计驾驶员 A 和 B 在三个阶段的驾驶特征(车头时距、速度、加速度),描述性统计结果分别如附录图 B-1 和附录图 B-2 所示。

附录图 B-1 为驾驶员 A 10 段跟驰数据的车头时距、速度、加速度的描述统计结果。由图中可知,在 C1 阶段车头时距在[3,3.6]的范围内,在 C2 阶段车头时距在[2.6,3]的范围内,而在 C3 阶段车头时距在[3.4,3.5]的范围内。可见 C1 阶段是车辆逐渐靠近前车的过程,C2 阶段是和前车保持较近距离稳定跟驰的阶段,C3 阶段是逐渐和前车分离的阶段。从速度来看,C1 阶段车速在[86,92]的范围内,C2 阶段车速在[84,86]的范围内,C3 阶段车速在[0,84]的范围内。可知 C1 阶段车速较快,在追赶前车;C2 阶段保持和前车基本一致的车速;C3 阶段速度变慢,减速停止跟驰前车。从加速度来看,C1 阶段加速度范围在[-0.02, 0.04],C2 阶段加速度范围在[-0.02,0.02],而 C3 阶段加速度范围在[-0.06,0]。

附录图 B-2 为驾驶员 B 10 段跟驰数据的车头时距、速度、加速度的描述统计结果。与

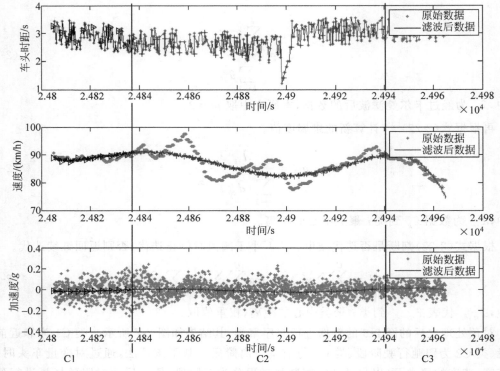

图 2-7 跟驰工况时序聚类结果

驾驶员 A 相似，C1 阶段车头时距逐渐减小，C2 阶段保持较小的车头时距并以稳定的车速跟驰前车，C3 阶段减速停止跟驰。与驾驶员 A 相比，驾驶员 B 有其独特的驾驶特征。驾驶员 B C2 阶段的车头时距更小，保持在[1.8,2.2]的范围内（驾驶员 A C2 阶段车头时距集中在范围[2.6,3]），C1 阶段驾驶员 B 的车速在[92,94]范围占比较大（驾驶员 A 的车速主要在范围[86,92]），C1 阶段驾驶员 B 的加速度较大，主要在范围[0.02,0.04]，而且有较大的减速度，范围[-0.08,-0.06]（驾驶员 A 主要集中在[-0.02,0.04]）。

综上所述，跟驰场景下驾驶员 A 和 B 被聚类算法分成了三个阶段，由描述性统计结果可知 C1 阶段驾驶员加速靠近前车，与前车的车头时距逐渐减小；C2 阶段驾驶员与前车保持较小的车头时距，以较为稳定的车速行驶；C3 阶段开始减速，与前车的车头时距增大，逐渐停止跟驰。描述性统计结果可以进一步验证聚类分析结果比较合理。横向比较驾驶员 A、B，相对于驾驶员 B，在靠近前车阶段驾驶员 A 的加/减速度更小，而且在稳定跟驰阶段有更大的车头时距。

上文基于描述性统计结果可以看出驾驶员 A 和 B 在跟驰三阶段的加/减速及车头时距变量有一定的差异。为了研究这些差异是否具有统计学意义，下面利用独立样本 T 检验的方法研究变量的差异性。

首先，对驾驶员 A 的 10 组跟驰数据两两独立 T 检验，附录表 A-1 为车头时距的 T 检验的结果，每个单元格内的三个值表示跟驰三个阶段的 T 值。可见第 3 组数据与其他组有显著的差异，其他组的数据并没有显著的差异。

附录表 A-2 为驾驶员 A 跟驰场景下车速的 T 检验的结果，在每个单元格中列出跟驰场景三个阶段的 T 值。表中 10 组数据两两对比，并没有显著的差异。

附录表 A-3 为跟驰过程中加速度的 T 检验结果，在每个单元格中列出跟驰三个阶段的 T 值。表内数据显示出的规律与附录表 A-1 类似，第 3 组数据与其他数据有明显的差异，其他的 9 组数据之间的差异并不明显。

附录表 A-4 为驾驶员 A 和驾驶员 B 的车头时距 T 检验的结果，同样，在每个单元格中列出跟驰三个阶段的 T 值。由表中数据可知驾驶员 A 和 B 在跟驰的三个阶段的车头时距都有显著的差异，且相对于 C1 和 C3 阶段，C2 阶段的差异性更为明显（不显著的 T 值占比：C1 阶段 19%，C2 阶段 6%，C3 阶段 32%）。

附录表 A-5 所示为驾驶员 A 和驾驶员 B 的速度 T 检验的结果，在每个单元格中列出跟驰场景三个阶段的 T 值。由表中数据可知驾驶员 A 和 B 在跟驰场景的三个阶段，大部分车速都没有显著的差异，有一小部分的车速在 C1 和 C3 阶段差异显著，但是 C2 阶段差异显著的车速很少（不显著的 T 值占比：C1 阶段 87%，C2 阶段 95%，C3 阶段 86%）。

附录表 A-6 所示为驾驶员 A 和驾驶员 B 的加速度 T 检验的结果，在每个单元格中列出跟驰三个阶段的 T 值。由表中数据可知驾驶员 A 和 B 在跟驰的三个阶段，大部分车辆加速度都有显著的差异（不显著的 T 值占比：C1 阶段 26%，C2 阶段 25%，C3 阶段 25%）。

综上所述，驾驶员 A 和驾驶员 B 在跟驰场景下能够体现出特有的特征：①在 C1、C2 和 C3 阶段驾驶员 A 的车头时距比驾驶员 B 大，有统计学上的显著性差异，且在 C2 阶段的差异最为显著；②三个阶段中，驾驶员 A 和驾驶员 B 速度特征的统计学差异不显著，特别是 C2 阶段统计学差异最不显著；③三个阶段中，驾驶员 A 的加速度比驾驶员 B 小，且有一定的统计学差异。

驾驶员的跟驰行为体现了相应驾驶员的纵向驾驶特征。由后文采用的轨迹规划算法的建模方式可知，纵向轨迹规划模型需要对两个参数进行标定，因此需选取两个特征变量标定相应的特性参数。如图 2-8 所示，由不同驾驶员跟驰场景下变量差异的显著程度可知（依据为不显著的 T 值占比的大小），选取车头时距变量和加速度变量最能体现驾驶员之间纵向操作行为的差异。

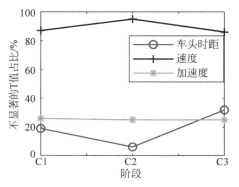

图 2-8　跟驰变量不显著的 T 值占比

2.3.2 换道场景下的驾驶行为特征提取

本节从 2.1 节获取的自然驾驶数据中截取换道场景的数据,按照数据同步→预处理→特征分析的步骤提取换道场景下不同驾驶员的个性化特征。

1. 换道行为数据同步

换道场景下,驾驶员的特征体现在车辆的横向和纵向联合操作上,但是以横向操作为主,因此对换道场景的研究选取的变量如下所示:

$$[L_h(t), u(t), \phi(t), \omega(t), r(t)]^T$$

式中,$L_h(t)$ 为车道偏移;$u(t)$ 为纵向车速;$\phi(t)$ 为航向角;$\omega(t)$ 为横摆角速度;$r(t)$ 为横摆角加速度。

如图 2-9 所示,选取了一段换道场景下的自然驾驶数据。首先,观看视频数据,确定换

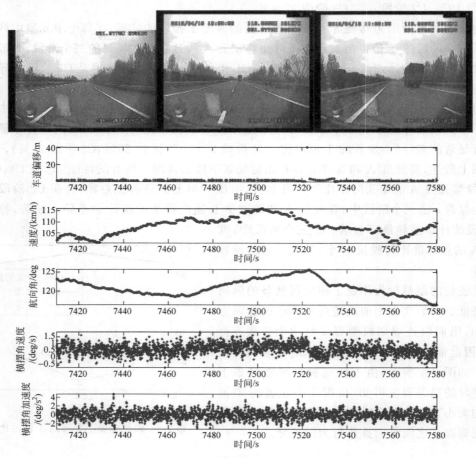

图 2-9 换道数据的选取和时间同步

第 2 章 面向个性化自动驾驶的自然驾驶数据分析

道操作的开始和结束时刻。根据视频信息,确定换道开始的时间为第 7412s,结束的时间为第 7580s。然后,根据开始和结束的时刻,选取出对应的数据变量:车道偏移 $L_h(t)$、纵向车速 $u(t)$、航向角 $\phi(t)$、横摆角速度 $\omega(t)$、横摆角加速度 $r(t)$。依据该方法,每个驾驶员选取 10 段换道数据并进行同步处理。

2. 换道行为数据预处理

和跟驰行为的个性化研究类似,基于卡尔曼滤波和时序模糊 C 均值聚类的方法对同步后的高速公路换道数据进行除杂平滑和聚类分组。

基于卡尔曼滤波,对同步之后的换道场景下车道偏移 $L_h(t)$、纵向车速 $u(t)$、航向角 $\phi(t)$、横摆角速度 $\omega(t)$、横摆角加速度 $r(t)$ 数据进行除杂、平滑预处理。

采用状态变量如式(2-29)所示。

$$\boldsymbol{X}(t) = [L_h(t), u(t), \phi(t), \omega(t), r(t)]^T \tag{2-29}$$

式中,$L_h(t)$ 为车道偏移;$u(t)$ 为纵向车速;$\phi(t)$ 为航向角;$\omega(t)$ 为横摆角速度;$r(t)$ 为横摆角加速度。

观测量如式(2-30)所示。

$$\boldsymbol{Y}(t) = [L_n(t), u_n(t), \phi_n(t), \omega_n(t), r_n(t)]^T \tag{2-30}$$

式中,$T_n(t)$ 为车头时距。

由物理特性可得对应的差分方程如式(2-31)所示。

$$L_n(t+1) = \theta_1(t)u_n(t) + \theta_2(t)\omega_n(t) + L_n(t)$$
$$\phi_n(t+1) = \phi_n(t) + \omega_n(t)T_g + \frac{1}{2}r_n(t)T_g^2$$
$$\omega_n(t+1) = \omega_n(t) + r_n(t)T_g$$
$$r_n(t+1) = \theta_3(t)r_n(t) \tag{2-31}$$

式中,β 为加速度转移系数;$\theta(t)$ 为白噪声。

则状态空间方程如式(2-32)所示。

$$\boldsymbol{X}(t+1) = \boldsymbol{F}_t \cdot \boldsymbol{X}(t) + \boldsymbol{V}(t)$$
$$\boldsymbol{Y}(t) = \boldsymbol{H}_t \cdot \boldsymbol{X}(t) + \boldsymbol{W}(t) \tag{2-32}$$

式中,$\boldsymbol{F}_t = \begin{pmatrix} 1 & \theta_1(t) & 0 & \theta_2(t) & 0 \\ 0 & 0 & 0 & 0 & 0 \\ 0 & 0 & 1 & T_g & \frac{1}{2}T_g^2 \\ 0 & 0 & 0 & 1 & T_g \\ 0 & 0 & 0 & 0 & \theta_3(t) \end{pmatrix}$;$\boldsymbol{H}_t = \begin{pmatrix} 1 & 0 & 0 & 0 & 0 \\ 0 & 1 & 0 & 0 & 0 \\ 0 & 0 & 1 & 0 & 0 \\ 0 & 0 & 0 & 1 & 0 \\ 0 & 0 & 0 & 0 & 1 \end{pmatrix}$;$\boldsymbol{V}(t)$ 和 $\boldsymbol{W}(t)$ 为白噪声。

状态方程确定之后,对应的卡尔曼滤波器如式(2-33)所示。[38]

$$\hat{X}_{(t|N)} = \hat{X}_{(t|t)} + \Lambda_t(\hat{X}_{(t+1|N)} - \hat{X}_{(t+1|t)})$$
$$\Omega_{(t|N)} = \Omega_{(t|t)} + \Lambda_t(\Omega_{(t+1|N)} - \Omega_{(t+1|t)})\Lambda_t^T$$
$$\Lambda_t = \Omega_{(t|N)} F_t^T \Omega_{(t+1|t)}^{-1} \tag{2-33}$$

式中,$\hat{X}_{(t|N)}$ 为基于全部的观测量 $Y_0, \cdots, Y_N$ 估测的 X_t 的值; $\Omega_{(t|N)} = E[(X_t - \hat{X}_{(t|N)})(X_t - \hat{X}_{(t|N)})^T]$ 为估测状态的协方差。

依据该方法,对上文中每个驾驶员选取的 10 段换道数据进行卡尔曼滤波处理。图 2-9 所示的一段换道数据的预处理结果如图 2-10 所示。

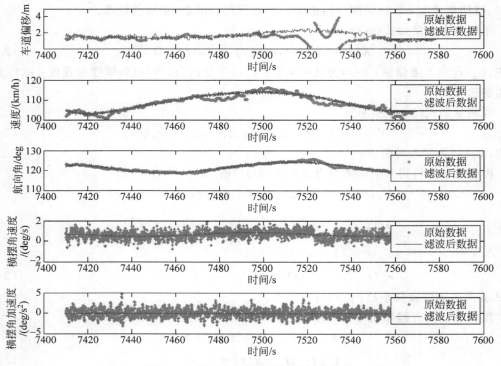

图 2-10 基于卡尔曼滤波的数据预处理

图 2-10 中,速度、航向角等原始数据在经过卡尔曼滤波预处理之后,获得了比较平滑的特征曲线。

基于上文提出的考虑时序的模糊 C 均值聚类算法,对经过同步和预处理的数据进行分类,将每一段换道数据分为准备换道阶段、执行换道阶段和结束并线阶段。其结果如图 2-11 所示。类 C1 为准备换道阶段、类 C2 为执行换道阶段、类 C3 为结束并线阶段。

3. 换道行为个性化特征分析

选择驾驶员 A 和 B 的自然驾驶数据,利用数据同步、预处理和聚类分析步骤,将这一个

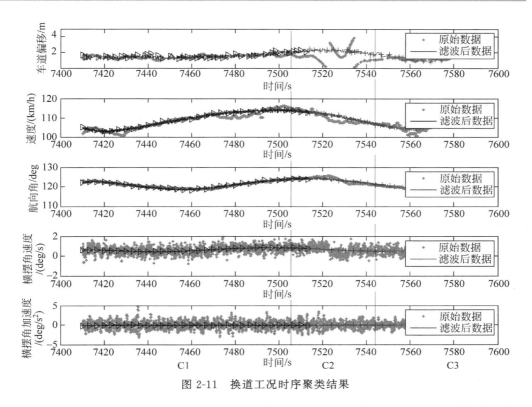

图 2-11 换道工况时序聚类结果

换道过程分为：C1 准备换道阶段、C2 执行换道阶段和 C3 结束并线阶段，统计驾驶员 A 和 B 在三个阶段的驾驶特征（车道偏移量、速度、航向角、横摆角速度、横摆角加速度），描述性统计结果如附录图 B-3 和附录图 B-4 所示。

附录图 B-3 为驾驶员 A 10 段换道数据的车道偏移量、速度、航向角、横摆角速度、横摆角加速度的描述统计结果。由图中可知，距左车道线的距离在 C1 阶段在 [0.875,2.625] 的范围内，在 C2 阶段在 [0,0.875] 和 [2.625,3.5] 的范围内，而在 C3 阶段在 [0.875,2.625] 的范围内。可见在 C1 和 C3 阶段是车辆在本车道行驶的阶段，C2 阶段是车辆越过车道线换道的阶段。从速度来看，C1 阶段车速在 [100,110] 的范围内，C2 阶段车速在 [110,120] 的范围内，C3 阶段车速在 [100,110] 的范围内。可知 C1 阶段是本车靠近前车的阶段，C2 阶段是加速换道超车的阶段，C3 阶段是恢复正常车速的阶段。从航向角来看，C1 阶段的航向角在范围 [-2,2]，C2 阶段航向角在范围 [2,4]，而 C3 阶段航向角在范围 [-2,2]。可见，车辆在 C2 阶段向一侧转向换道，而在 C1 和 C3 阶段基本保持直行。从横摆角速度看，C1 阶段在范围 [-0.4,0.4]，C2 阶段在范围 [0,0.4]，C3 阶段在范围 [-0.4,0.4]。可见在 C2 阶段驾驶员向一侧转向。从横摆角加速度看，三个阶段的分布相似，都集中在 [-2,2] 的范围内。可见横摆角加速度对于一个驾驶员有一定的一致性。

附录图 B-4 为驾驶员 B 10 段换道数据的车道偏移量、速度、航向角、横摆角速度、横摆角加速度的描述统计结果。由图中可知，距左车道线的距离在 C1 阶段在[0.875,2.625]的范围内，在 C2 阶段在[0,0.875]和[2.625,3.5]的范围内，而在 C3 阶段在[0.875,2.625]的范围内。因此在 C1 和 C3 阶段是车辆在本车道行驶的阶段，C2 阶段为车辆越过车道线换道的阶段。与驾驶员 A 相比，驾驶员 B 在 C1 和 C3 阶段在[0,0.875]和[2.625,3.5]范围的占比更大。从速度来看，C1 阶段车速在[100,120]的范围内，C2 阶段车速在[110,120]的范围内，C3 阶段车速在[100,120]的范围内。说明 C1 阶段是本车靠近前车的阶段，C2 阶段是加速换道超车的阶段，C3 阶段是恢复正常车速的阶段，与驾驶员 A 相比 C1 和 C3 阶段驾驶员 B 的车速更快。从航向角来看，C1 阶段的航向角在范围[-2,4]，C2 阶段航向角在范围[2,6]，而 C3 阶段航向角在范围[-4,4]。车辆在 C2 阶段向一侧转向换道，而在 C1 和 C3 阶段基本保持直行，与驾驶员 A 相比 C1 和 C3 阶段驾驶员 B 的航向角范围更大一些。也就是说在直行路段，驾驶员 A 驾驶得更加稳定。从横摆角速度看，C1 阶段在范围[-0.8,0.8]，在 C2 阶段在范围[0.4,1.6]，C3 阶段在范围[-0.4,0.4]。在 C2 阶段驾驶员向一侧转向，与驾驶员 A 相比，C1 阶段驾驶员 B 的横摆角速度范围更大，也就是说驾驶员 A 的操作更为稳定。从横摆角加速度看，C1 和 C3 阶段的分布比较均匀，C2 阶段主要集中在[-1,2]范围内。与驾驶员 A 相比 C2 阶段驾驶员 B 的转向更为激进。

基于描述性统计结果可以看出，驾驶员 A 和 B 在换道三阶段的车道偏移量、速度、航向角、横摆角速度、横摆角加速度变量有一定的差异，同样需要研究这些差异是否具有统计学意义，下面利用独立样本 T 检验的方法研究变量的差异性。

首先对驾驶员 A 的 10 组换道数据进行两两独立 T 检验，附录表 A-7 所示为车道偏移量变量 T 检验的结果，每个单元格内的三个值表示换道三个阶段的 T 值。由表中可见驾驶员 A 的车道偏移量并没有显著的差异。

附录表 A-8 所示为车速变量 T 检验的结果，每个单元格内的三个值表示换道三个阶段的 T 值。由表中可见驾驶员 A 的车速并没有显著的差异。

附录表 A-9 所示为航向角变量 T 检验的结果，每个单元格内的三个值表示换道三个阶段的 T 值。由表中可知驾驶员 A 的航向角并没有显著的差异。

附录表 A-10 所示为横摆角速度变量 T 检验的结果，每个单元格内的三个值表示换道三个阶段的 T 值。由表中可知驾驶员 A 的横摆角速度并没有显著的差异。

附录表 A-11 所示为横摆角加速度变量 T 检验的结果，每个单元格内的三个值分别表示换道三个阶段数据的 T 值。由表中可知驾驶员 A 的横摆角加速度并没有显著的差异。

附录表 A-12 所示为驾驶员 A 和驾驶员 B 的车道偏移量变量的 T 检验结果，每个单元格中列出换道三个阶段的 T 值。由表中可知驾驶员 A 和 B 在换道的三个阶段的车道偏移量都有显著的差异(不显著的 T 值占比：C1 阶段 15%，C2 阶段 15%，C3 阶段 25%)。

附录表 A-13 所示为驾驶员 A 和驾驶员 B 的车速变量的 T 检验结果，每个单元格中列出换道三个阶段的 T 值。由表中可知驾驶员 A 和 B 在换道的三个阶段的车速大部分有显著的差异(不显著的 T 值占比：C1 阶段 18%，C2 阶段 14%，C3 阶段 18%)。

附录表 A-14 所示为驾驶员 A 和驾驶员 B 的航向角变量的 T 检验结果，每个单元格中列出换道三阶段的 T 值。由表中可知驾驶员 A 和 B 在换道的三个阶段的航向角部分有显著的差异，也存在不少没有显著差异的(不显著的 T 值占比：C1 阶段 50%，C2 阶段 47%，C3 阶段 50%)。

附录表 A-15 所示为驾驶员 A 和驾驶员 B 的横摆角速度变量的 T 检验结果，每个单元格中列出换道三阶段的 T 值。由表中可知驾驶员 A 和 B 在换道的三个阶段的横摆角速度大部分有显著的差异(不显著的 T 值占比：C1 阶段 30%，C2 阶段 18%，C3 阶段 16%)。

附录表 A-16 所示为驾驶员 A 和驾驶员 B 的横摆角加速度变量的 T 检验结果，每个单元格中列出换道三阶段的 T 值。由表中可知驾驶员 A 和 B 在换道的三个阶段的横摆角加速度大部分有显著的差异(不显著的 T 值占比：C1 阶段 12%，C2 阶段 6%，C3 阶段 9%)。

综上所述，驾驶员 A 和驾驶员 B 在换道场景下能够体现出他们特有的特征：①在 C1、C2 和 C3 阶段驾驶员 A 的车道偏移量比驾驶员 B 的偏小，有统计学的显著性差异；②三阶段中驾驶员 A 和驾驶员 B 的速度有显著的差异，驾驶员 A 的速度比驾驶员 B 的偏小；③三阶段中驾驶员 A 和驾驶员 B 的航向角有显著的差异(也存在很多没有显著性的情况)，驾驶员 A 的航向角比驾驶员 B 的偏小；④三阶段中驾驶员 A 和驾驶员 B 的横摆角速度有显著的差异，驾驶员 A 的横摆角速度比驾驶员 B 的偏小；⑤三阶段中驾驶员 A 和驾驶员 B 的横摆角加速度有显著的差异，驾驶员 A 的横摆角加速度比驾驶员 B 的偏小。

驾驶员的换道行为主要体现了相应驾驶员的横向驾驶特征。由后文采用的轨迹规划算法的建模方式可知，横向轨迹规划模型需要对一个参数进行标定，因此需选取一个特征变量标定相应的参数。如图 2-12 所示，由不同驾驶员换道场景下变量差异的显著程度可知(依据为不显著的 T 值占比)，选取横摆角加速度变量最能体现驾驶员之间横向操作行为的差异。

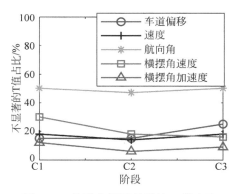

图 2-12 换道变量不显著的 T 值占比

2.4 个性化驾驶行为特征验证

利用被试 03 号驾驶员的自然驾驶数据(编号 C)，分别选取 10 段跟驰和换道的数据，经过数据同步→预处理→特征分析过程，获取驾驶员 A 与驾驶员 C、驾驶员 B 与驾驶员 C 的跟驰\换道的个性化特征分析的结果。

驾驶员 A 与驾驶员 C 的跟驰、换道的个性化特征分析结果如图 2-13 和图 2-14 所示。

图 2-13 为跟驰变量不显著的 T 值占比,从图中可知,车头时距变量和加速度变量的不显著的 T 值占比最小,即它们最能体现驾驶员之间纵向操作行为的差异。图 2-14 为换道变量不显著的 T 值占比,从图中可知,横摆角加速度变量的不显著的 T 值占比最小,即它最能体现驾驶员之间横向操作行为的差异。

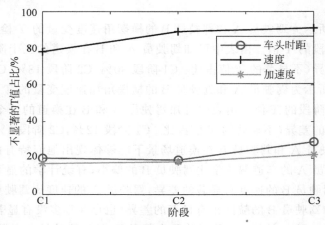

图 2-13 跟驰变量不显著的 T 值占比

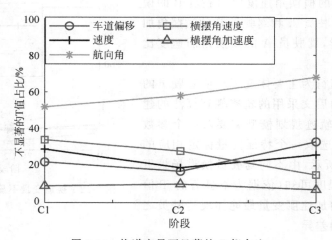

图 2-14 换道变量不显著的 T 值占比

驾驶员 B 与驾驶员 C 的跟驰、换道的个性化特征分析结果如图 2-15 和图 2-16 所示。图 2-15 为跟驰变量不显著的 T 值占比,由图中可知,车头时距变量和加速度变量的不显著的 T 值占比最小,即它们最能体现驾驶员之间纵向操作行为的差异。图 2-16 为换道变量不显著的 T 值占比,由图中可知,横摆角加速度变量的不显著的 T 值占比最小,即它最能体现驾驶员之间横向操作行为的差异。

综上所述,跟驰场景中,车头时距变量和加速度变量最能体现驾驶员之间纵向操作行为的差异。换道场景中,横摆角加速度变量最能体现驾驶员之间横向操作行为的差异。

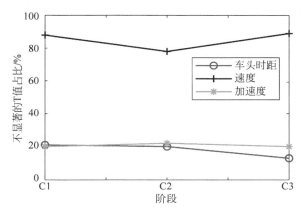

图 2-15 跟驰变量不显著的 T 值占比

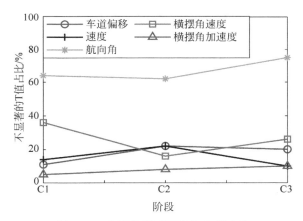

图 2-16 换道变量不显著的 T 值占比

2.5 本章小结

不同驾驶员的个性化决策、规划和控制模型需要根据实际道路的驾驶员个性化特征进行建模。本章设计并开展了自然驾驶实验,按照数据同步、预处理、特征分析的顺序利用高速公路自然驾驶实验数据分析驾驶员在典型驾驶场景下(跟驰和换道)的个性化特征,提出对应场景下能够体现驾驶员个性化特征的参数指标。

在跟驰场景中,靠近前车阶段 C1、跟驰行驶阶段 C2 和与前车分离阶段 C3,不同驾驶员的车头时距和加速度特征有统计学上的显著性差异。在换道场景中,在准备换道阶段 C1、执行换道阶段C2、结束并线阶段C3，不同驾驶员的车道偏移、速度、航向角、横摆角速度、横摆角加速度有显著的差异。以不显著的T值占比为判断依据，选取车头时距变量和加速度变量作为体现驾驶员纵向操作行为差异的指标，选取横摆角加速度变量作为体现驾驶员横向操作行为差异的指标，该结论可为后文驾驶员个性化的决策、规划和控制的研究奠定基础。

第3章 个性化自动驾驶决策框架

如图 3-1 所示,车辆本身是一个由其物理性质决定的连续系统,汽车状态量 $x(t)$ 经过传感器采样或驾驶员感知后,变为一个离散系统,驾驶员和自动驾驶系统经过决策、规划和控制之后输出离散的控制量 $u(k)$ 对车辆进行控制。因此,车辆控制是一个连续与离散相结合的混成系统。针对这一特征,本章基于混成自动机算法构建体现人类驾驶行为的自动驾驶决策框架。在此架构的基础上,后面的章节进一步设计面向个性化驾驶行为的驾驶员规划和控制算法。

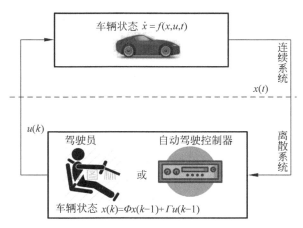

图 3-1 连续和离散相结合的车辆控制

混成系统是一种十分典型的复杂动态系统[42],该理论通过分析系统运行的逻辑,能够有效提高系统控制的精确性、稳定性和快速性。基于混成系统理论来对复杂系统进行分层设计,能够简化控制系统的复杂程度,提升控制的效果。混成系统主要通过混成状态机和微分方程的方法进行建模。混成状态机用于描述系统内不同模式之间的转换(比如汽车不同的行驶模式),而微分方程用于描述系统状态量连续的动态变化(比如汽车驾驶中的减速和加速)。相对于纯离散和纯连续系统,混成系统在实际工程领域更常见,比如,控制器设计所用的数字软硬件系统本质上就是一个离散系统,通过传感器、执行器与连续物理环境进行信息交互。混成系统是一个非线性控制框架,可以构建融合离散与连续系统的数学模型。

离散系统指具有有限状态的系统(如电路系统、数字化的芯片系统以及计算机程序系统等)。一个计算机程序可能非常庞大复杂,但依然是有限可数的,因而计算机上运行的程序可看成是离散系统。连续系统指具有连续行为的系统,大量的自然物理系统(时间、温度、速度等)都是连续系统,可以通过微分方程对连续系统进行数学描述。将离散系统和连续系统结合就形成了混成系统,例如汽车就是一个典型的混成系统,通过大量的嵌入式数字芯片(ECU)来实现车辆的各项功能。

针对上文提出的混成系统进行建模与描述的语言需有以下特点:①兼具描述离散状态与连续状态演变的建模能力;②能够组合不同的简单组件构造大型复杂系统模型;③能够抽象、精炼复合模型。

当前混成系统建模的主要方法有两种:一是将不同的连续状态变量融入到离散状态变量中的建模方法。该方式的混成系统建模方法应用广泛,具体有相位转换模型、混成 Petri 网模型、混成自动机模型等。相位转换模型、混成自动机模型以及混成 Petri 网模型三者都是体现离散状态迁移的建模方法,建模方式简单直接,但是在处理大型、复杂问题时,可能会使状态切换非常复杂。二是将离散状态变量嵌入到连续状态变量中的建模方法,包括基于逻辑转换的切换系统模型、混成逻辑动态系统模型,以及与混成自动机相似的融合线性系统和有限自动机的混成控制模型。该方式在处理大型复杂问题时效率较高,但是建模方式较为复杂,建立的混成系统模型的通用性不好,大多只能针对具体问题进行建模。

本研究对车辆的决策模型进行离散化处理,以控制车辆的连续运动状态,车辆的决策控制模式情况并不是特别复杂,因此混成自动机方法能够满足要求。如图 3-2 所示,混成自动机能够在不同的离散位之间互相迁移,而每个状态位的内部含有连续状态的变化。

一个混成自动机通常被定义为一个多元组 H,如式(3-1)所示。

$$H = (Q, X, \mathrm{Con}, \mathrm{Event}, \mathrm{Edge}, \mathrm{Act}, \mathrm{Inv}, \mathrm{Init}) \tag{3-1}$$

式中,Q 为一个有限集,代表离散状态量;X 代表连续的状态;Con 代表外部控制集合,即来自系统外部的控制量;Event 代表状态切换的条件,即能够触发系统状态切换的事件的集合;Edge 代表状态切换事件过程;Act 代表系统连续状态的函数;Inv 代表在不同的离散状态条件下连续状态的集合;Init 代表系统初始化。

Event 是混成自动机的核心内容,它主要的作用是描述离散状态迁移的条件,具体定义如式(3-2)所示。

$$\mathrm{Event} = (q, a, \mathrm{Guard}_{qq'}, \mathrm{Jump}_{qq'}, q') \tag{3-2}$$

式中,$q, q' \in Q$ 为迁移的两个离散状态量;$a \in \mathrm{Egde}$ 为当前变换的状态代号;$\mathrm{Guard}_{qq'} \subset X$ 代表离散状态迁移时连续状态量的集合;$\mathrm{Jump}_{qq'} \subset X \times X$ 代表状态迁移时连续状态变量的关系。

具体来说,混成自动机模型在一个离散状态位上,其内部存在连续状态部分的变化,在一定的范围内($x \in \mathrm{Inv}_q$),其离散状态保持不变。然后当连续状态达到迁移临界值时($x \in$

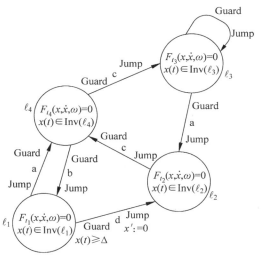

图 3-2 混成自动机示意图

$Guard_{qq'}$），系统能够发生离散迁移事件 $q \rightarrow q'$，即，离散状态位由 q 变化为 q'。在离散状态迁移的时候，内部的连续变量也会发生变化 $Jump_{qq'}$，即在离散状态迁移的时候，离散量迁移 $q \rightarrow q'$ 的同时，还有连续状态的迁移 $x \rightarrow x'$。

迁移事件的触发有两种方式：外部触发和内部触发。外部触发是指通过状态切换事件 Edge 直接从外部控制状态的迁移。内部触发是指离散状态位内部的连续状态量由 $x \in Inv_q$ 变化到 $x \in Guard_{qq'}$，然后系统离散状态位自动的迁移。一般来说，在某个离散状态位置，当连续状态量超出 Inv_q 集合范围达到 $Guard_{qq'}$ 集合范围时，会导致连续状态量重置或者离散状态位迁移。在某些时候，即使连续状态量并未超出 Inv_q 集合范围但是达到了 $Guard_{qq'}$ 集合范围，系统的离散状态位也会迁移。

在某个离散状态位 q 上，其内部连续状态的变化规律可以通过微分方程的方式表示，如式（3-3）所示。

$$F_q(\dot{x}, x, w) = 0, \quad s.t. \ x \in Inv_q \tag{3-3}$$

式中，x 为连续变化量；$w \in Con$ 为外部控制量。

从数学建模的角度来看，混成自动机建模主要有以下几点问题：①所建立的模型在某些时候如果没有可行解，则离散状态迁移和连续状态变化都会停止，混成系统就不能继续运行下去，陷入"deadlock"的状态。遇到这种情况时，需要在系统中设置重置机制，使系统恢复到正常的变化过程中去。②混成自动机内包含了大量的不确定性，这些不确定因素会使系统产生更为复杂的变化。即系统的某一状态可能会面临多种可行的演化方案。遇到这种问题时，通常是需要在离散状态位迁移的同时，改变连续状态量，并基于概率统计的思想来解决系统中的不确定性问题。③混成自动机中有大量离散状态位的迁移，离散状态的变化通常都会导致很多问题的发生,比如最常见的问题就是状态冲突,这要求我们设计更为严谨的切换规则。④当模型涉及系统的尺度较大时(如智慧高速公路系统),整个系统可能会由多个组件组合而成。此时,若 $\text{Guard}_{qq'}$ 的集合要求不严格,会导致演化规则过于复杂。因此,通常情况下,需要较为严格和更为确定的 $\text{Guard}_{qq'}$ 的集合。

3.1 体现人类驾驶行为的自动驾驶决策框架

自动驾驶车辆的控制根据不同的场景会有不同的控制策略,该系统就是一个分段的复杂控制系统,其过程可简单视为一个结合离散决策系统与连续执行系统的动态变迁过程,上层的决策部分进行离散逻辑的模式切换,即不同的模式采用不同的控制方式。本研究中模式的切换主要包括两方面的内容:一是针对不同的典型驾驶场景(跟驰、换道等)的不同模式;二是针对不同驾驶员个性化特征的不同模式。基于混成自动机的决策框架,可以提升自动驾驶车辆的控制效果,而且能够使自动驾驶车辆体现出不同驾驶员的个性化特征。

如图 3-3 所示为本研究采用的基于混成自动机的体现人类驾驶行为的自动驾驶决策框架,有两层的离散状态变量,第一层为离散的驾驶员模式状态位的切换,描述不同的驾驶员个性之间的切换;第二层为离散的行车模式状态位的切换,描述根据不同的车辆状态和驾驶场景进行换道、跟驰等的决策;第三层为连续的车辆动力学层。

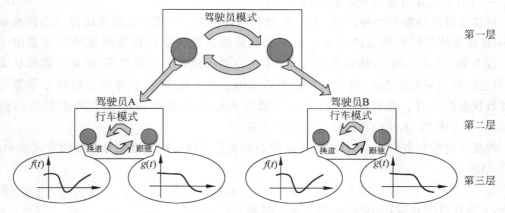

图 3-3 体现人类驾驶行为的自动驾驶混成自动机决策框架

该混成自动机决策框架中第一层为驾驶员模式离散状态位的切换条件 $\text{Event}_{\text{driver}}$,其设计有两种方式,一是直接通过外部控制,如式(3-4)所示。

$$\text{Event}_{\text{driver}} = (q_A, a_{AB}, \text{null}, \text{Jump}_{AB}, q_B) \tag{3-4}$$

式中,a_{AB} 表示外部控制由驾驶员 A 的离散状态位切换到驾驶员 B 的离散状态位;null 表示条件为空。

二是通过模式辨识的方式,通过当前车辆驾驶员一段时间内的操作数据确定驾驶员的离散状态位,其切换条件如式(3-5)所示。

$$\text{Event}_{\text{driver}} = (q_A, a_{AB}, \text{Guard}_{AB}, \text{Jump}_{AB}, q_B) \qquad (3\text{-}5)$$

式中,Guard_{AB} 为驾驶员模式离散状态位由驾驶员 A 切换到驾驶员 B 时车辆的状态变量集合(速度、加速度、横摆角速度等变量特征)。

本研究并不对驾驶员行为特征辨识进行研究,因此在进行仿真、实车实验时均采用第一种方式,即,直接选择驾驶员模式离散状态位的方式进行。

第二层为行车模式离散状态位的切换条件 $\text{Event}_{\text{scene}}$,主要是以本车运行状态、环境车运行状态以及交通环境状态作为切换条件,如式(3-6)所示。

$$\text{Event}_{\text{scene}} = (q, a_{\text{chang}}, \text{Guard}_{\text{change,vehicle}}, \text{Guard}_{\text{change,enviroment}}, \text{Jump}_{\text{change}}, q_{\text{change}}) \qquad (3\text{-}6)$$

式中,$\text{Guard}_{\text{change,vehicle}}$ 为切换到换道离散状态位的车辆状态变量集合,包括本车车速、与前车的车速差、与前车的距离等;$\text{Guard}_{\text{change,enviroment}}$ 代表当前的交通环境是否具备换道的条件,即目标车道是否有换道空间。

跟驰的条件与换道类似,如式(3-7)所示。

$$\text{Event}_{\text{scene}} = (q, a_{\text{follow}}, \text{Guard}_{\text{follow,vehicle}}, \text{Guard}_{\text{follow,enviroment}}, \text{Jump}_{\text{follow}}, q_{\text{change}}) \qquad (3\text{-}7)$$

式中,$\text{Guard}_{\text{follow,vehicle}}$ 为切换到跟驰状态位的车辆状态变量集合,包括本车车速、与前车的车速差、与前车的距离等;$\text{Guard}_{\text{follow,enviroment}}$ 代表当前的交通环境是否具备跟驰的条件,一般情况下跟驰并没有特殊的交通环境要求,因此通常该处没有限制。

在驾驶员离散状态位和场景模式离散状态位确定后,下面就是连续的车辆动力学/运动学层,如图 3-3 所示的第三层。

3.2 考虑环境车行为特征的自动驾驶决策框架

上文中研究体现人类驾驶行为特征的自动驾驶车辆在处理环境车时,通常将环境车看作在一定时间段内运动状态保持不变的动态障碍物,并未考虑环境车的行为特征的影响。考虑环境车行为特征的自动驾驶车辆是将本车和环境车看作可以互相影响的系统。本研究采用协同控制的思路来解决该自动驾驶的问题。整个系统是一个分层的、多智能体的、复杂的动态结构,同样选用混成自动机进行该类自动驾驶决策框架的研究。

如图 3-4 所示为本研究采用的基于混成自动机的考虑环境车行为特征的自动驾驶决策框架,有三层的离散状态变量。第一层为驾驶员模式离散状态位的切换,与上文体现人类驾驶行为的自动驾驶决策架构相似,为不同驾驶员个性化特征之间的切换。第二层为协同策略离散状态位的切换,描述考虑环境车行为特征的自动驾驶车辆与环境车之间不同的协同策略。比如,当自动驾驶车辆个性化特征与环境车的个性化特征相近时,自动驾驶车辆会与环境车协同组队,但是如果行为特征相差较远,自动驾驶车辆与环境车之间就不会协同组队。第三层为行车模式离散状态位的切换,根据不同的车辆状态、协同方式和驾驶场景进行换道或者跟驰的决策。此外,第四层为连续的车辆动力学层。

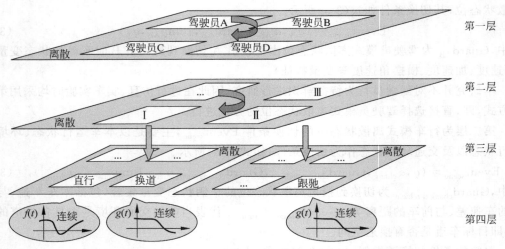

图 3-4 考虑环境车行为特征的自动驾驶系统混成自动机框架

第一层离散的驾驶员模式状态位的切换条件 $\text{Event}_{\text{driver}}$ 的设计与上文体现人类驾驶行为的自动驾驶混成自动机的方式类似,有两种方式:外部控制和自主迁移。具体的切换条件也如式(3-4)和式(3-5)所示。同样,本研究在仿真实验时也采用外部控制的方式进行。

第二层离散的车辆协同策略状态位的切换条件 $\text{Event}_{\text{social}}$,主要是以车辆驾驶员的个性化特征的相容性程度为切换条件(驾驶行为相容性的指标在第4章将详细介绍),如式(3-8)所示。

$$\text{Event}_{\text{social}} = (q, a_{\text{cautious}}, \text{Guard}_{\text{Index}_{\text{co}},\text{cautious}}, \text{Jump}_{\text{cautious}}, q_{\text{cautious}}) \quad (3\text{-}8)$$

式中,$\text{Guard}_{\text{Index}_{\text{co}},\text{cautious}}$ 表示切换到比本车更保守的驾驶模式的相容性指标变量集合,该指标主要是描述两车驾驶员个性化特征的相似程度(相对激进程度),该模式下,本车更注重安全性,该模式定为模式Ⅰ。

$$\text{Event}_{\text{social}} = (q, a_{\text{aggressive}}, \text{Guard}_{\text{Index}_{\text{co}},\text{aggressive}}, \text{Jump}_{\text{aggressive}}, q_{\text{aggressive}}) \quad (3\text{-}9)$$

式中,$\text{Guard}_{\text{Index}_{\text{co}},\text{aggressive}}$ 表示切换到比本车更激进的驾驶模式的相容性指标变量集合。该模式下,本车更注重保持较高的车速,该模式定为模式Ⅱ。

切换到跟驰运行状态的策略条件如式(3-10)所示。

$$\text{Event}_{\text{social}} = (q, a_{\text{platoon}}, \text{Guard}_{\text{Index}_{\text{co}},\text{platoon}}, \text{Jump}_{\text{platoon}}, q_{\text{platoon}}) \quad (3\text{-}10)$$

式中,$\text{Guard}_{\text{Index}_{\text{co}},\text{platoon}}$ 表示切换到本车与环境车跟驰行驶的相容性指标变量集合。该模式下,本车的驾驶员个性化特征与环境车相似,与环境车跟驰组队行驶,该模式定为模式Ⅲ。

第三层行车模式离散状态位的切换条件 $\text{Event}_{\text{scene}}$,与上文中决策的行车模式切换相似,是以本车运行状态、环境车运行状态以及交通环境状态作为切换条件。同样,在驾驶员模式离散状态位、车辆协同策略离散状态位和行车模式离散状态位确定后,基于连续的车辆动力学/运动学模型对车辆进行控制,如图3-4所示的第四层。

3.3 本章小结

汽车是一个典型的混成系统：离散的决策、规划、控制部分和连续的动力学/运动学物理特性部分。针对这一特点，本章基于混成自动机设计了自动驾驶车辆决策框架。针对体现人类驾驶行为的自动驾驶系统设计了三层混成自动机结构：离散的驾驶员模式状态位切换层、离散的行车模式状态位切换层以及连续的车辆动力学/运动学层。针对考虑环境车行为特征的自动驾驶系统设计了四层混成自动机结构：离散的驾驶员模式状态位切换层、车辆协同策略状态位切换层、行车模式状态位切换层以及连续的车辆动力学/运动学层。后文中研究的规划与控制算法都在该决策框架的基础上实现。根据决策框架的结构特点，本章搭建了较为完全的自动驾驶软件在环测试系统，为后文中各种算法的测试提供了平台支持。

第4章 基于人工势场法的自动驾驶轨迹规划

人工势场最早是由 Khatib[43] 提出的应用于机器人领域的规划控制方法。在运动空间中假定有虚拟的场，通过建立势场函数来表示目标点和障碍物对物体的影响。引力场描述物体与目标点的运动关系。斥力场描述物体与障碍物的运动关系。

由于车辆的决策规划与机器人的人工势场规划有相似性，因此，人工势场算法已经被广泛应用于自动驾驶车辆的局部规划中。不同于机器人的人工势场，自动驾驶车辆的人工势场应用环境更为复杂多变，需要应对很多高速的动态障碍。

对交通环境进行人工势场建模主要应包括两方面的元素：静态交通环境和动态交通环境。静态交通环境主要包括车道线、固定障碍物等元素。动态交通环境主要包括环境车、行人等。一般情况下，车道线（边界线和分道线）等静态交通环境保证了车辆沿着道路在车道内稳定行驶。总的环境势场的计算如式(4-1)所示[44]。

$$U_{all} = U_{lane} + U_{road} + U_{car} + U_{goal} + U_{obstacle} \tag{4-1}$$

式中，目标点产生的势场为 U_{goal}；车道线产生的势场为 U_{lane}；道路边界线产生的势场为 U_{road}；障碍物产生的势场为 $U_{obstacle}$；环境车产生的势场为 U_{car}；U_{all} 为总的环境势场。

4.1 障碍物势场建模

自动驾驶车辆在行驶时会碰到不能跨越的障碍物，面对这类障碍物时，自动驾驶车辆必须采取规避让行的策略，该种势场的建模方法为：在障碍物的 4 个方向，自动驾驶车辆与障碍物的边界距离越近则势场越大，且上升的速度越快，而障碍物所在区域势场值取非常大，保证本车不会到达该区域。基于这一原则其势场公式如式(4-2)[44]所示。

$$U_{obstacle1} = A_{obstacle1} \left(\frac{1}{D_{obs}} \right)^2 \tag{4-2}$$

式中，$A_{obstacle1}$ 是 APF 系数；D_{obs} 是本车到障碍物的距离。

小型陷坑、中小型石块、路面积水等可跨越的障碍物在实际的道路上也很常见。遇到这类障碍,自动驾驶车辆首先需要尽量规避,但是当相邻车道被占据(有障碍物或者有其他车辆)时才会直接行驶过去。因此可跨越障碍物位置处的势场远小于式(4-2)所示的不可跨越的势场。障碍物四周的势场随着距障碍物的距离增大而衰减,本章采用类高斯函数衰减的形式,势场公式如式(4-3)所示[44]。

$$U_{\text{obstacle2}} = A_{\text{obstacle2}} \exp\left(-\frac{D_{\text{obs}}^2}{2\sigma_{\text{obs}}^2}\right) \quad (4\text{-}3)$$

式中,$A_{\text{obstacle2}}$ 是 APF 系数;σ_{obs} 是 APF 衰减系数;D_{obs} 是本车到障碍物的距离。

4.2 道路势场建模

道路势场主要包括道路边界线势场与分道线势场。其中,道路边界线势场定义为不可跨越的势场函数,以此来防止车辆驶出道路,如式(4-4)[44]所示。

$$U_{\text{road},j} = A_{\text{road}} \left(\frac{1}{D_{\text{road},j}}\right)^2 \quad (4\text{-}4)$$

式中,A_{road} 为 APF 系数;j 代表边界代号;$D_{\text{road},j}$ 为本车与道路边界的距离。

区别于边界线,分道线在需要时要能被跨越(如自动驾驶车辆遇到前方障碍物,需要换道规避的时候)。基于这一原则,分道线势场设计时,分道线位置处的势场值最大,离开分道线往两边,势场值逐渐减小。为了使分道线能够被跨越,势场相对于边界线势场应该足够小。分道线势场数学模型如式(4-5)所示[44]:

$$U_{\text{lane},i} = A_{\text{lane}} \exp\left(-\frac{(D_{\text{lane},i})^2}{2\sigma_{\text{lane}}^2}\right) \quad (4\text{-}5)$$

式中,A_{lane} 是 APF 系数;$D_{\text{lane},i}$ 表示本车到分道线的距离;σ_{lane} 表示 APF 衰减系数。图 4-1 为衰减系数 σ_{lane} 取不同值时对应的势场情况。

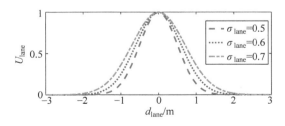

图 4-1 车道线 APF 衰减示意图

两车道直线道路的势场效果如图 4-2 所示,该势场为边界线和分道线势场的叠加,其中,$A_{\text{lane}}=3$,$\sigma_{\text{lane}}=0.6$。由图可知,分道线处势场值大,随着位置向两边延伸,其值逐渐衰减。分道线和边界线势场综合作用,在每个车道的中心位置形成了一个势场局部最小值的范围,通常情况下,自动驾驶车辆将沿着这个局部最小的范围内向前行驶。

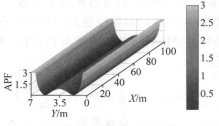

图 4-2 道路势场效果图

4.3 环境车势场建模

一般情况下,环境车对自动驾驶车辆的影响主要取决于它们的相对位置以及速度。简单来讲,环境车与自动驾驶车辆的位置关系一般有两种:自动驾驶车辆与环境车位于同一车道,以及自动驾驶车辆与环境车位于两个相邻车道。基于这两种位置关系分析环境车与自动驾驶车辆的互动模式。

位于同一车道,环境车在自动驾驶车辆前,且环境车速度小于自动驾驶车辆速度时,环境车会对自动驾驶车辆产生直接影响(减速或换道)。换道时,目标车道纵向距离很近的位置有环境车时,环境车会对自动驾驶车辆有直接影响,自动驾驶车辆可能选择停止换道或者向没有环境车的车道换道的策略。

基于以上对自动驾驶车辆与环境车互动模式的分析可知,环境车势场的建立需要遵循以下原则:①自动驾驶车辆和与其有影响的环境车保持相对安全的距离。②环境车引导自动驾驶车辆从其后方换道。③对车辆横纵向距离的敏感程度也是有差异的。一般情况下,车辆横向速度很低而纵向速度很高,这就导致了在横向上车-车距离可以很近,但在纵向上就需要保持较大的车辆间距。并且车辆的相对速度变成了决定纵向车辆间距的一个因素。相对速度越大,需要的车辆间距越大。④环境车所处车道也会对车-车的交互有影响。当环境车处于边缘车道时,后方的自动驾驶车辆只能向一个方向换道(中间车道),当环境车处于中间车道时,后方的自动驾驶车辆可以向两个方向换道。⑤车辆的类型对势场的分布也会有影响,影响的大小视情况而定。

基于以上这些自动驾驶车辆与环境车的交互原则,进行环境车势场模型的设计。为了增加安全性,需要在环境车周围假定安全区域,如图 4-3 所示,该区域被当作不可逾越的区域。

图 4-3 中车身所在区域在纵向为 $x \in [0, L]$。安全距离 $x \in [L, L+s]$,安全距离 s 与当前车辆的速度相关,速度越快,安全距离应该相应增大,安全距离 s 如式(4-6)[45]所示。

$$s = \rho V_e + S_{min} \qquad (4-6)$$

式中,V_e 为环境车的速度;S_{min} 表示设置的车-车静态安全距离,与车辆的参数有关;ρ 是

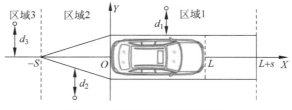

图 4-3 环境车及安全区示意图

常数,与自动驾驶车辆模拟的驾驶员的个性特点有关。

环境车后部如图 4-3 所示分为两部分,S 与相对车速有关,具体的计算见式(4-7)[45]。

$$S = \phi V_r + S_{\min} \tag{4-7}$$

式中,V_r 表示自动驾驶车辆与环境车的相对速度;ϕ 是常系数;$S_{\min}$ 表示设置的车-车静态安全距离。

在相对速度 $V_r \geqslant 0$,纵向距离为 $x < -S$ 的范围内时,势场值与到 $-S$ 的距离成反比,如式(4-8)[45]所示。这种函数性质可以使后方的自动驾驶车辆维持一定的安全距离[46],且在很接近时激增的势场值能使车辆换道或减速,符合上文中环境车与自动驾驶车辆之间的交互特点。

$$U_{\text{car,long}} = A_{\text{car,long}} \frac{e^{-\lambda D_{\text{car,long}}}}{D_{\text{car,long}}} \tag{4-8}$$

式中,$A_{\text{car,long}}$ 是 APF 系数;$D_{\text{car,long}}$ 表示后方自动驾驶车辆距离车辆三角形安全范围的最短纵向距离;λ 是 APF 衰减系数,决定了人工势场影响的范围。

综上所述,根据式(4-6)~式(4-8)设计的纵向人工势场符合前文讨论的交互原则。然后,对应的横向势场可在其基础上往两侧延展,与上文中车道线势场的高斯衰减形式类似,如式(4-9)[45]所示。

$$U_{\text{car,lateral}} = U_{\text{car,long}} \exp\left(\frac{-d^2}{2\sigma_{\text{car}}^2}\right) \tag{4-9}$$

式中,σ_{car} 表示横向 APF 衰减系数,由车道宽决定,设置原则是不能影响相邻车道的车辆,同时能够引导后方靠近的自动驾驶车辆换道;d 表示自动驾驶车辆距离环境车的横向距离,在不同位置时分别为图 4-3 中的 d_1、d_2 和 d_3。

以往的人工势场建模研究中,环境车后的安全区域除三角形外还有半圆形、椭圆形等多种形式[47-48]。对于上文中环境车势场建立的原则④,三角形后部安全区可以满足一部分,即当环境车处于中间车道时,后方的自动驾驶车辆可以向两个方向换道。但是另外一部分(当环境车处于边缘车道时,后方的自动驾驶车辆只能向一个方向换道)却无法满足。因此,本章引入一种特殊的边界车道环境车安全区,如图 4-4 所示,该类安全区形式与三角形安全区的区别是其后部安全区域为一个直角梯形,直角梯形的后部安全区域的优点是后方的自动驾驶车辆只能向道路边界的相反方向运动,不会在道路边界与环境车之间形成局部最小区域。该种形式的势场中，s 与 S 的值的计算方式与三角形势场的计算方式相同。横向势场 $U_{car,lateral}$ 的产生方式也与三角形安全区域横向势场的产生方式类似，以高斯衰减的形式在纵向势场的基础上往两侧延展。公式也与式（4-9）一致，只是 d_1、d_2 和 d_3 的定义略有不同。

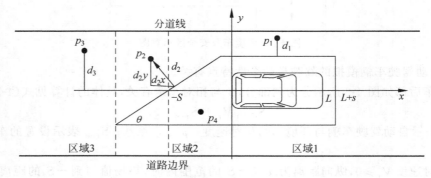

图 4-4 环境车在边界车道的安全区示意图

彩图 4-5

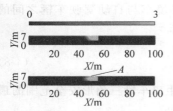

图 4-5 环境车的势场示意图

图 4-5 所示为用以上两种方式建立的环境车的人工势场图，其中，系数取值为 $A_{car,long}=3$、$\lambda=0.6$。上侧为直角梯形后部安全区域的势场图，下侧为三角形安全区域的势场图。由图可知，两图中环境车安全区内的势场值都是最大值，而四面随着距安全区域的距离增加势场值减小。直角梯形安全区域的环境车势场，能够使其后方的自动驾驶车辆只有朝道路边界线相反方向运行的趋势。三角形安全区域的环境车势场，在如图 A 点所示的位置，会使后方的自动驾驶车辆有朝道路边界线运行的趋势，此时就不符合实际情况。

图 4-6 和图 4-7 所示为两车道和三车道中环境车安全区域的设计。如图 4-6 所示，两车道时，全部采用直角梯形安全区域的设计。而如图 4-7 所示，三车道时，中间车道的环境车采用三角形安全区域设计，边界车道处的环境车采用直角梯形安全区域设计，多于三车道的情况也用与三车道类似的方式处理。通过这种安全区域的设计方式，能够使环境车势场满足上文原则④的要求。

最后考虑车辆类型的差异，在高速公路上的车辆类型主要可分为小型车、中型车、大型车三类。本研究主要考虑大型车和小型车的差异，小型车辆的车长小于等于 5m，大型车辆的车长大于 8m。车型的不同主要体现在 S_{min} 不同，其计算公式如式（4-10）所示[49]。由式（4-10）可知，环境车的质量越大，本体所占的区域越大，S_{min} 的值也就越大。

$$S_{min}=\left[\frac{W}{2gC_{ae}}\right]\ln\left(1+\frac{C_{ae}V^2}{\eta\mu W+f_rW\cos\theta+W\sin\theta}\right) \quad (4-10)$$

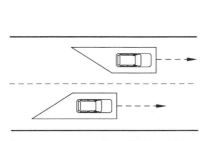 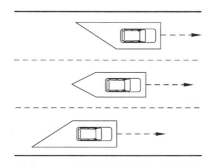

图 4-6　两车道环境车安全区域设计　　图 4-7　三车道环境车安全区域设计

式中，W 为车辆质量；g 为重力加速度；C_{ae} 为车辆所占的区域；V 为车速；η 为和车辆制动能力有关的系数；μ 为摩擦系数；f_r 为翻滚系数；θ 为道路坡度。

如图 4-8 所示为将道路和环境车势场叠加起来形成交通环境总势场的效果图，左侧为直角梯形安全区域的环境车，右侧为三角形安全区域的环境车。由图可知，道路边界点和环境车安全区域为势场值最大的位置，该区域自动驾驶车辆不可进入。三角形后部安全区域的环境车势场和道路边界线势场在图中 B 位置处会形成一个局部势场极小值的位置，该处局部极小值的产生不符合实际情况。而采用直角梯形后部安全区域的环境车解决了这个问题。

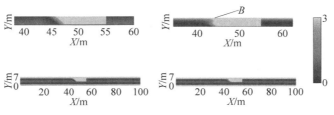

图 4-8　环境车与道路叠加势场示意图

4.4　本章小结

本章基于改进的人工势场算法建立了驾驶员的决策、规划模型，势场模型包括自动驾驶车辆的车道线势场、环境车势场等，其中，优化了环境车势场的安全区形状。前文通过典型驾驶场景下自然驾驶实验及分析，获取了跟驰和换道行驶时驾驶员的个性化行为特征，用这些个性化的特征对人工势场的关键参数进行标定，分别完成了个性化的跟驰和换道人工势场模型。该类模型能够体现跟驰和换道场景下驾驶员轨迹规划的差异性。

第5章 面向个性化车辆轨迹跟踪的 MPC 算法

在 MPC 中,通过在线求解的方式用优化的思想获得有限时域控制的输出。每一次优化求解能够得到一个控制域内的优化控制序列。一般情况下,优化控制序列的第一步被作用于系统,直到下一个优化循环。模型预测控制在解决如下一些问题时优势明显。

(1) 有很高维度的状态变量和控制变量的系统;

(2) 状态变量和控制变量都需要满足大量约束条件的系统;

(3) 控制指标时变,设备(传感器机构/执行机构)故障率较高的系统;

(4) 有较大时滞情况的系统。

自动驾驶车辆的控制几乎包含了上面四点所有的问题,且滚动优化的方式同样符合人类驾驶员操作车辆的特点,所以近年来 MPC 在车辆智能控制领域得到了广泛的应用。

传统 MPC 控制的基本原理如图 5-1 所示,整个控制系统由三部分组成:预测、控制和校正。在每一个控制步长,预测部分会预测未来 P 时间窗口内的预测输出值 $\tilde{y}_{P0}(k)$,MPC 控制部分基于该值与目标输出 $w_p(k)$ 之间的差值得到该时刻的控制估计 $u(k)$,并将控制量的第一步作用于被控对象。将得到的实际输出值 $y(k+1)$ 和 MPC 预测部分得到的预测输出值 $\tilde{y}_1(k+1|k)$ 做差,得到偏差值 $e(k+1)$。控制偏差值在与校正矩阵 h 相乘后获得新的校正后的控制量输出量 $\tilde{y}_{\text{cor}}(k+1)$,该变量会对下一个控制部分进行一个反馈调节。由以上原理可知,MPC 与一般的优化控制方法相比提供了一个闭环反馈环节(可以看作一个比例控制环节),一定程度上提高了 MPC 的控制精度。但是在实际的车辆控制中,由于汽车系统的复杂性,实际系统的物理特性和构建的数学模型的偏差较大,因此即使有一个简单的闭环调节(比例控制环节),MPC 在控制车辆时还是会有较大的稳态差异,并且比例环节还会降低系统的稳定性。此外,基于滚动优化的 MPC 也存在计算量大、难以保证实时性的缺点。

针对以上两个缺点,本研究提出了基于反馈 MPC 和显式 MPC 的自动驾驶车辆控制方法,采用混成自动机算法实现针对不同驾驶场景 MPC 控制模式的自动切换,并且采用机会约束模型引入驾驶员的个性化操作特点。

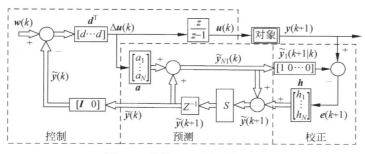

图 5-1 传统 MPC 的基本原理

为了消除传统 MPC 控制器在车辆控制时存在的稳态误差,本章提出如图 5-2 所示的控制结构。规划器输出 t 时刻的目标轨迹 $(X_{p,t}, Y_{p,t})$,传统 MPC 基于该轨迹进行一个前馈控制,输出横向控制量前轮转角 δ_t 和纵向控制量期望速度 v_{des}、加速度 a_{des}。PID 控制器基于上一个时刻 $t-1$ 的预测位置和本时刻 t 车辆的实际位置的偏差值对横向控制量 δ_t 进行反馈修正。同时,纵向下层控制器根据 MPC 输出的期望速度 v_{des} 和期望加速度 a_{des} 输出车辆控制量 T_t。

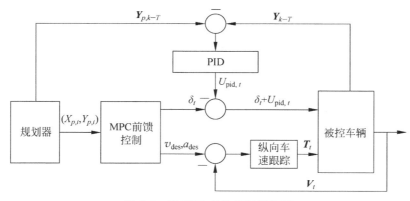

图 5-2 横/纵向总体控制框架图

5.1 车辆横向反馈控制算法

如图 5-2 所示横向控制器输出控制量为前轮转角,其中,前馈通道为一个传统的模型预测控制器(MPC),在前馈控制的基础上增加了一个反馈通道控制,反馈控制采用 PID 控制器。纵向控制器输出量为加速/制动踏板位置,纵向控制分为上层控制器和下层控制器两部分,上层控制器采用 MPC 控制器,其作用是基于车辆的当前状态和参考轨迹输出目标车速和加速度,下层采用 PID 控制器,对上层控制器输出的目标车速和加速度进行跟踪。

1. 模型预测控制

1）车辆运动学模型

本研究采用车辆的运动学模型作为 MPC 控制器的内核模型，图 5-3 为本研究采用的三自由度运动学模型。其中，x 和 y 为车辆模型后轴中点在大地坐标系的位置，ϕ 为车辆的航向角。

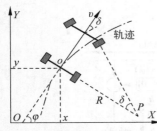

图 5-3 车辆运动学模型

为了建立车辆运动学的空间状态方程，首先确定车辆模型的状态量 $\boldsymbol{\chi}=[x,y,\phi]^{\mathrm{T}}$ 和控制量 $\boldsymbol{u}=[v,\delta]^{\mathrm{T}}$，其中，$v$ 为目标车速；δ 为前轮转角。三自由度的运动学状态方程如式(5-1)所示[50]。

$$\begin{bmatrix} \dot{x} \\ \dot{y} \\ \dot{\phi} \end{bmatrix} = \begin{bmatrix} \cos\phi \\ \sin\phi \\ \dfrac{\tan\delta}{l} \end{bmatrix} v \tag{5-1}$$

将式(5-1)写成函数的形式，如式(5-2)所示。

$$\dot{\boldsymbol{\chi}} = f(\boldsymbol{\chi},\boldsymbol{u}) \tag{5-2}$$

我们可以将第 3 章生成的参考轨迹也写为与式(5-3)类似的形式。

$$\dot{\boldsymbol{\chi}}_{\mathrm{r}} = f(\boldsymbol{\chi}_{\mathrm{r}},\boldsymbol{u}_{\mathrm{r}}) \tag{5-3}$$

用泰勒展开将式(5-2)在参考轨迹点处展开，其结果如式(5-4)所示。

$$\dot{\boldsymbol{\chi}} = f(\boldsymbol{\chi}_{\mathrm{r}},\boldsymbol{u}_{\mathrm{r}}) + \dfrac{\partial f(\boldsymbol{\chi},\boldsymbol{u})}{\partial \boldsymbol{\chi}}\bigg|_{\substack{\chi=\chi_{\mathrm{r}} \\ u=u_{\mathrm{r}}}}(\boldsymbol{\chi}-\boldsymbol{\chi}_{\mathrm{r}}) + \dfrac{\partial f(\boldsymbol{\chi},\boldsymbol{u})}{\partial \boldsymbol{u}}\bigg|_{\substack{\chi=\chi_{\mathrm{r}} \\ u=u_{\mathrm{r}}}}(\boldsymbol{u}-\boldsymbol{u}_{\mathrm{r}}) \tag{5-4}$$

由式(5-3)和式(5-4)可得

$$\dot{\bar{\boldsymbol{\chi}}} = \begin{bmatrix} \dot{x}-\dot{x}_{\mathrm{r}} \\ \dot{y}-\dot{y}_{\mathrm{r}} \\ \dot{\phi}-\dot{\phi}_{\mathrm{r}} \end{bmatrix} + \begin{bmatrix} 0 & 0 & -v_{\mathrm{r}}\sin\phi_{\mathrm{r}} \\ 0 & 0 & v_{\mathrm{r}}\cos\phi_{\mathrm{r}} \\ 0 & 0 & 0 \end{bmatrix} \begin{bmatrix} x-x_{\mathrm{r}} \\ y-y_{\mathrm{r}} \\ \phi-\phi_{\mathrm{r}} \end{bmatrix} + \begin{bmatrix} \cos\phi_{\mathrm{r}} & 0 \\ \sin\phi_{\mathrm{r}} & 0 \\ \dfrac{\tan\delta_{\mathrm{r}}}{l} & \dfrac{v_{\mathrm{r}}}{l\cos\delta_{\mathrm{r}}^{2}} \end{bmatrix} \begin{bmatrix} v-v_{\mathrm{r}} \\ \delta-\delta_{\mathrm{r}} \end{bmatrix} \tag{5-5}$$

以采样间隔 T 对式(5-5)进行离散化处理得到式(5-6)。

$$\bar{\boldsymbol{\chi}}(k+1) = \boldsymbol{A}_{k,t}\bar{\boldsymbol{\chi}}(k) + \boldsymbol{B}_{k,t}\bar{\boldsymbol{u}}(k) \tag{5-6}$$

式中，$\boldsymbol{A}_{k,t}=\begin{bmatrix} 1 & 0 & -v\sin\theta T \\ 0 & 1 & v\cos\theta T \\ 0 & 0 & 1 \end{bmatrix}$，$\boldsymbol{B}_{k,t}=\begin{bmatrix} \cos\theta T & 0 \\ \sin\theta T & 0 \\ \dfrac{\tan\delta T}{l} & \dfrac{vT}{l\cos^{2}\delta} \end{bmatrix}$，$\boldsymbol{\chi}(k)=\begin{bmatrix} x(k) & -x_{\mathrm{r}}(k) \\ y(k) & -y_{\mathrm{r}}(k) \\ \phi(k) & -\phi_{\mathrm{r}}(k) \end{bmatrix}$ 和

$\boldsymbol{u}(k)=\begin{bmatrix} v(k) & -v_{\mathrm{r}}(k) \\ \delta(k) & -\delta_{\mathrm{r}}(k) \end{bmatrix}$。

第 5 章 面向个性化车辆轨迹跟踪的 MPC 算法

为了设计 MPC 控制器,需要建立增广的空间状态方程,因此选用新的系统状态量 $\boldsymbol{\xi}(k|t)=\begin{bmatrix}\boldsymbol{\chi}(k|t)\\\boldsymbol{u}(k-1|t)\end{bmatrix}$。

新的系统状态变量形成的增广系统状态方程如式(5-7)和式(5-8)所示。

$$\boldsymbol{\xi}(k+1|t)=\overline{\boldsymbol{A}}_{k,t}\boldsymbol{\xi}(k|t)+\overline{\boldsymbol{B}}_{k,t}\Delta\boldsymbol{u}(k|t) \tag{5-7}$$

$$\boldsymbol{\eta}(k)=\boldsymbol{C}_{k,t}\boldsymbol{\xi}(k) \tag{5-8}$$

式中,$\overline{\boldsymbol{A}}_{k,t}=\begin{bmatrix}\boldsymbol{A}_{k,t}&\boldsymbol{B}_{k,t}\\0_{m\times n}&\boldsymbol{I}_m\end{bmatrix}$,$\overline{\boldsymbol{B}}_{k,t}=\begin{bmatrix}\boldsymbol{B}_{k,t}\\\boldsymbol{I}_m\end{bmatrix}$,$\boldsymbol{C}_{k,t}=[\boldsymbol{I}_n\quad 0_{n\times m}]$,$m$ 和 n 为状态变量和控制变量的维度。

2) MPC 控制器的设计

为了简化 MPC 控制器的结构以及提高运算速度,在本章假设 $\boldsymbol{A}_{k,t}=\boldsymbol{A}_t(k=1,\cdots,t+N-1)$ 和 $\boldsymbol{B}_{k,t}=\boldsymbol{B}_t(k=1,\cdots,t+N-1)$,则前面的增广系统 $(\overline{\boldsymbol{A}}_{k,t},\overline{\boldsymbol{B}}_{k,t},\overline{\boldsymbol{C}}_{k,t})$ 变为了 $(\overline{\boldsymbol{A}}_t,\overline{\boldsymbol{B}}_t,\overline{\boldsymbol{C}}_{k,t})$。系统的差分方程变为式(5-9)。

$$\boldsymbol{\xi}(k+1|t)=\overline{\boldsymbol{A}}_t\boldsymbol{\xi}(k|t)+\overline{\boldsymbol{B}}_t\Delta\boldsymbol{u}(k|t) \tag{5-9}$$

基于差分方程式(5-9),计算系统在 N_c 步控制量下未来的 N_p 步的状态量,如式(5-10)所示[50]。

$$\boldsymbol{Y}(t)=\boldsymbol{\Psi}_t\boldsymbol{\xi}(t|t)+\boldsymbol{\Theta}_t\Delta\boldsymbol{U}(t) \tag{5-10}$$

式中,$\boldsymbol{Y}(t)=\begin{bmatrix}\boldsymbol{\eta}(t+1|t)\\\boldsymbol{\eta}(t+2|t)\\\vdots\\\boldsymbol{\eta}(t+N_p|t)\end{bmatrix}$,$\boldsymbol{\Psi}_t=\begin{bmatrix}\overline{\boldsymbol{C}}_{t,t}\overline{\boldsymbol{A}}_{t,t}\\\overline{\boldsymbol{C}}_{t,t}\overline{\boldsymbol{A}}_{t,t}^2\\\vdots\\\overline{\boldsymbol{C}}_{t,t}\overline{\boldsymbol{A}}_{t,t}^{N_p}\end{bmatrix}$,$\boldsymbol{\Theta}_t=\begin{bmatrix}\overline{\boldsymbol{C}}_{t,t}\overline{\boldsymbol{A}}_{t,t}&0&0&0\\\overline{\boldsymbol{C}}_{t,t}\overline{\boldsymbol{A}}_{t,t}\overline{\boldsymbol{B}}_{t,t}&\overline{\boldsymbol{C}}_{t,t}\overline{\boldsymbol{B}}_{t,t}&0&0\\\vdots&&&\\\overline{\boldsymbol{C}}_{t,t}\overline{\boldsymbol{A}}_{t,t}^{N_p-1}\overline{\boldsymbol{B}}_{t,t}&\overline{\boldsymbol{C}}_{t,t}\overline{\boldsymbol{A}}_{t,t}^{N_p-2}\overline{\boldsymbol{B}}_{t,t}&\cdots&\overline{\boldsymbol{C}}_{t,t}\overline{\boldsymbol{A}}_{t,t}^{N_p-N_c}\overline{\boldsymbol{B}}_{t,t}\end{bmatrix}$,

且 $\Delta\boldsymbol{U}(t)=\begin{bmatrix}\Delta\boldsymbol{u}(t|t)\\\Delta\boldsymbol{u}(t+1|t)\\\vdots\\\Delta\boldsymbol{u}(t+N_c-1|t)\end{bmatrix}$。

对于本章进行的横/纵向控制,其目标函数表示如式(5-11)所示。

$$J(k)=\sum_{i=1}^{N_p}\|\boldsymbol{\eta}(t+i|t)-\boldsymbol{\eta}_{\text{ref}}(t+i|t)\|_Q^2+\sum_{i=1}^{N_c}\|\Delta\boldsymbol{U}(t+i)|t\|_R^2 \tag{5-11}$$

式中,第一项是与目标轨迹相关的项,使车辆能够沿着目标轨迹行驶;第二项是控制增量,该项的作用是使控制量尽可能平滑,不产生控制量的突变。

然后,利用优化算法(主动集、内点法等)确定 ΔU 的值,使目标函数 $J(k)$ 的值最小。

$$J(\boldsymbol{\xi}(t),\boldsymbol{u}(t-1),\Delta\boldsymbol{U})=[\Delta\boldsymbol{U}(t)^T,\varepsilon]^T\boldsymbol{H}_t[\Delta\boldsymbol{U}(t)^T,\varepsilon]+\boldsymbol{G}_t[\Delta\boldsymbol{U}(t)^T,\varepsilon] \tag{5-12}$$

式中，$H_t = \begin{bmatrix} \boldsymbol{\Theta}^T Q \boldsymbol{\Theta} + R & 0 \\ 0 & \rho \end{bmatrix}$，$G_t = [2E_t^T Q \boldsymbol{\Theta}_t \quad 0]$，$\boldsymbol{\eta}_{\text{ref}}(t+i|t) = [x_p(i), y_p(i)]^T$。

3）MPC 控制器的误差分析

由上文的控制器设计过程可知，模型预测控制的输出是基于其控制器内的模型预测系统未来的变化情况，控制器内部模型的精确度直接影响了控制器的精确度。换句话说，基于简化模型的 MPC 控制器必然存在稳态误差。由于本章的控制器只有横向采用了前馈加反馈的控制策略，纵向采用了上下层的分层控制，MPC 的误差分析对本章的横向控制意义更大，因此，此处只研究车辆横向 MPC 控制器的误差。

本章的 MPC 控制器采用的是车辆运动学模型作为其内模，要分析基于该运动学模型控制器的精度，首先要研究该运动学模型与实际车辆运动规律的差异。考虑到实车实验的成本和安全问题，此处用 CarSim 软件模拟实际车辆的运动规律。CarSim 软件是一款在车辆控制领域被广泛认可的车辆动力学仿真软件，它产生的车辆动力学模型与实际车辆的运动规律很接近。

如图 5-4 所示，利用上文设计的 MPC 控制器对 CarSim 车辆动力学模型进行控制。图 5-4 为本章 MPC 控制器采用的车辆运动学模型，该模型只有一个参数需要确定，即前后轴的距离，基于图 5-4 的 CarSim 模型选取车辆运动学模型的参数 $l = 2.6\text{m}$。

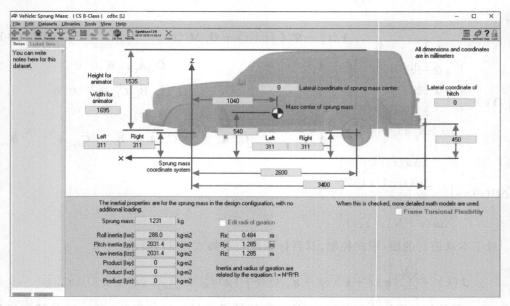

图 5-4 CarSim 软件建立的车辆动力学模型

利用该控制器控制 CarSim 模型，让模型车通过一个由两个直路和一个 1/4 弯道组成的道路，路径规划采用第 3 章的人工势场算法，每个步长人工势场产生 30 个未来时刻的轨迹点，MPC 控制器对这 30 个轨迹点进行跟踪，获得的控制结果如图 5-5 所示，图中的参考轨迹是由每个步长产生的 30 个轨迹点中的第一个轨迹点连接形成的。

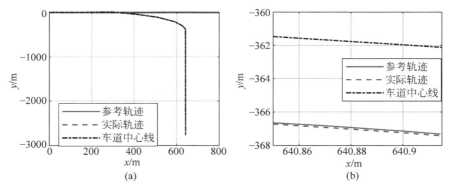

图 5-5　传统 MPC 控制结果

如图 5-5 所示，与参考轨迹相比，MPC 控制车辆产生的实际轨迹会有一个较大的横向位移，在转弯时随着路程的积累，该位移会不断积累，图 5-5 中车辆横向积累误差已经超过了 5m，此时的车辆已经驶出车道范围内。可见虽然 MPC 自带一定的反馈校正能力，但是在面对车辆这种复杂的模型时，该反馈校正能力并不足以抵消稳态误差。

2．反馈模型预测控制

如图 5-5 所示，传统 MPC 控制器控制车辆进行目标跟踪时，会有一个稳态的误差值，该误差是由上文提到的 MPC 控制器的简化内模造成的，本章采用增加反馈通道的方式消除该稳态误差。

1）反馈 PID 控制器的设计

本章引入的反馈通道采用 PID 控制器，PID 控制器的设计如式(5-13)和式(5-14)所示。

$$e(k)=y_p(k\mid k-1)-y(k) \tag{5-13}$$

$$U_{\text{pid}}(k)=K_p e(k)+\frac{K_d(e(k)-e(k-1))}{T}+K_i \sum_{k=1}^{j} e(k) \tag{5-14}$$

其中，PID 控制器的输入偏差值 $e(k)$ 的计算方法为第 $k-1$ 步对第 k 步的预测值 $y_p(k\mid k-1)$ 与第 k 步的实际输出的差，具体如图 5-6 所示。

反馈 PID 输出的控制量与前馈 MPC 控制器输出的控制量叠加产生总的横向控制量，如式(5-15)所示。

$$\delta_{k,\text{real}}(k)=\delta_{k,\text{MPC}}(k)+U_{\text{pid}}(k) \tag{5-15}$$

为了验证 MPC、反馈 MPC 以及 PID 控制的差异，选用式(5-16)所示的变频率正弦输入，利用以上三种控制器进行跟踪控制，控制结果如图 5-7 所示。由图中可见，PID 控制器在低频下跟踪效果较差，有较大的幅值误差，随着信号频率的提高 PID 幅值误差减小，但是相位滞后变严重。传统 MPC 受频率影响较小，但是有较大的稳态误差。而反馈 MPC 控制

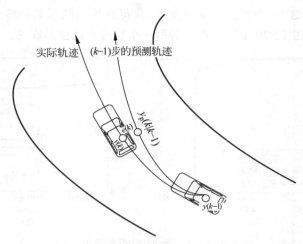

图 5-6 传统 MPC 控制器的输出与实际参考轨迹的误差

的跟踪效果最好,幅值和相位误差都较小。

$$y = \sin\left(t\lg\left(\frac{t}{0.001}\right)\right) \tag{5-16}$$

彩图 5-7

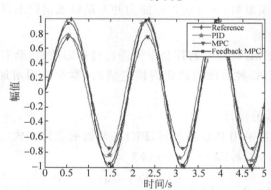

图 5-7 变频率正弦输入的控制结果

2)横向控制同步窗

在车辆刚启动或者车速变化较快的情况下,会产生如图 5-8 所示的车辆横纵向运动相互耦合干扰的情况。具体地说,车辆上层纵向控制器给出了最优的纵向车速,下层纵向控制器控制车辆跟踪规划的纵向车速,通常情况下,下层控制器需要一定的控制过渡时间以使车辆达到目标车速,在车辆刚启动或者车速需要频繁变化的驾驶场景下,由于纵向控制器的这一缺陷,会使车辆在一段时间内和目标车速有一个较大的误差。图 5-8 中,车辆在 k 时刻实际的位置与其参考轨迹 k 时刻所处的位置相比有一个较大的滞后,此时如果以 $k+1$ 时刻的参考点进行横向控制,会使车辆有一个提前的转向动作,就有可能发生图 5-9 所示的碰撞危险情况。

第 5 章 面向个性化车辆轨迹跟踪的 MPC 算法

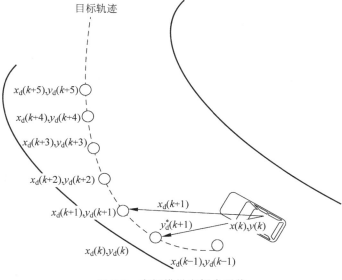

图 5-8 车辆横纵向耦合干扰

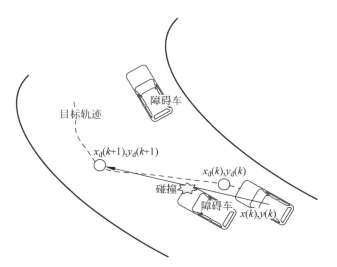

图 5-9 横纵向耦合干扰产生的危险状况

为了消除该耦合干扰,在进行横向控制的时候,将横向参考点和纵向参考点进行解耦操作。具体地说,如图 5-9 所示,在 k 时刻,纵向参考点依然为点$(x_d(k+1),y_d(k+1))$,但是横向参考点要依据车辆实际所处的距离进行修正。图 5-9 所示的情况下,横向参考点被修正到$(x_d(k),y_d(k))$,即在 k 时刻车辆的参考点为$(x_d(k+1),y_d^*(k+1))$,其中$(y_d^*(k+1)=y_d(k))$。

5.2 车辆纵向控制算法

由图 5-2 可知,上文中 MPC 控制器进行横向控制的同时,在纵向上也会输出一个对应的目标速度和加速度,根据上层 MPC 控制器输出的期望速度、加速度,通过车辆的下层控制器控制车辆底盘的执行机构工作。

下层控制器的设计有两种方式:一是基于反馈的控制;二是基于模型(逆纵向动力学模型)的控制。本研究将两种方式相结合,设计一个开环控制器,基于逆纵向动力学模型输出控制量,再基于 PID 方法对开环控制量进行补偿。此外,汽车的驱动力由传动系提供,制动力由制动机构提供,加减速时要考虑驱动力和制动力的切换,我们需要考虑驱动和制动切换的条件。

1. 驱动控制

车辆在水平道路上行驶时的受力情况如式(5-17)[51]所示。

$$F_t = F_f + F_w + F_j \tag{5-17}$$

式中,F_t 为驱动力;F_j 为加速阻力;F_f 为滚动阻力;F_w 为空气阻力。

具体如式(5-18)所示。

$$\frac{T_e i_g i_o \eta_T \tau}{r} = mgf + \frac{C_D A}{21.15} u_a^2 + \delta m a_{des} \tag{5-18}$$

则发动机输出扭矩如式(5-19)所示。

$$T_e = \frac{\left(mgf + \frac{C_D A}{21.15} u_a^2 + \delta m a_{des}\right) r}{i_g i_o \eta_T \tau} \tag{5-19}$$

式中,T_e 为发动机期望转矩;η_T 为传动系的机械效率;g 为重力加速度;C_D 为空气阻力系数;f 为滚动阻力系数;A 为迎风面积;m 为整车质量;τ 为液力变矩器的扭矩特性函数;u_a 代表车辆纵向行驶速度;a_{des} 代表车辆的期望纵向加速度;δ 代表汽车旋转质量换算系数;i_o、i_g 分别为主减速和变速器传动比;r 为车轮半径。

车辆传动系中存在发动机、变速器等有跳变性性质的装置,因此整个传动系具有很强的非线性特点。仅仅依靠模型很难进行有效的控制。本研究提出"前馈+反馈"的控制结构,如图 5-10 所示。具体地说,驱动部分的控制量由两部分构成:

$$\alpha_{throttle} = \alpha_{throttle,1} + \alpha_{throttle,2} \tag{5-20}$$

式中,$\alpha_{throttle,1}$ 为前馈控制量;$\alpha_{throttle}$ 为油门开度的总控制量;$\alpha_{throttle,2}$ 为反馈控制量。

基于纵向逆动力学模型控制方法确定油门开度的一般方法是查询发动机转矩特性 MAP 图。但实际工程中,很难获取高精度的发动机 MAP 图。本章利用 CarSim 软件中的发动机数据,基于最小二乘法拟合发动机外特性曲线。如式(5-21)所示,采用四次多项式拟合转矩与转速特性的关系[51],拟合结果如图 5-11 所示。

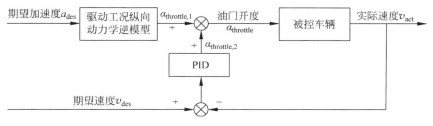

图 5-10 驱动控制

$$T_{tq} = 3804 - 11.26\omega + 0.01466\omega^2 - 7.484 \times 10^{-6}\omega^3 + 1.313 \times 10^{-9}\omega^4 \quad (5-21)$$

式中,T_{tq} 为发动机外特性转矩;ω 为发动机转速。

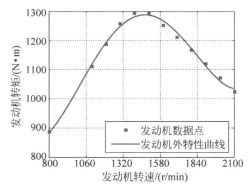

图 5-11 发动机外特性

由式(5-21)得到对应转速下发动机外特性转矩,然后可以得到相应的节气门开度,如式(5-22)所示。

$$\alpha_{throttle,1} = \frac{T_e}{T_{tq}(\omega)} \quad (5-22)$$

基于 PID 方法对基于纵向逆动力学模型的控制误差进行补偿,本研究的误差信号有两种选择:加速度和速度。通过预实验发现,当以加速度误差作为误差值时,控制器受到传感器精度、路面摩擦系数、路面不平度等因素的影响很大,反馈控制的效果较差。因此,本研究选择受外部环境干扰较小的速度误差信号作为 PID 输入,即以车辆期望速度与实际速度的偏差 v_{error} 作为 PID 控制的输入量,具体如式(5-23)所示。

$$v_{error} = v_{des} - v_{act} \quad (5-23)$$

式中,v_{des} 为期望速度;v_{act} 为实际速度。

则 PID 输出的控制量如式(5-24)所示。

$$\alpha_{throttle,2} = K_{p1} v_{error} + K_{i1} \int_0^t v_{error} dt + K_{d1} \frac{dv_{error}}{dt} \quad (5-24)$$

2. 制动控制

下层的制动控制与上文的加速控制原理相似:先根据期望加速度(负值)得到期望制动力矩,再基于纵向逆动力学模型计算获得制动缸的压力。

确定期望减速度值时,基于车辆的纵向受力情况,确定需要的制动力矩 T_b 如式(5-25)所示。

$$T_b = \left(-ma_{des} - mgf - \frac{C_D A u_a^2}{21.15}\right) r \tag{5-25}$$

式中, g 为重力加速度; C_D 为空气阻力系数; f 为滚动阻力系数; A 为迎风面积; m 为整车质量; u_a 为车辆纵向行驶速度; a_{des} 为车辆的期望纵向加速度; r 为车轮半径。

制动缸压力如式(5-26)所示。

$$P_b = \frac{T_b}{K_b} \tag{5-26}$$

式中, K_b 为常系数; P_b 为制动压力。

该部分采用与上文相同的"前馈+反馈"的控制结构,如图 5-12 所示。

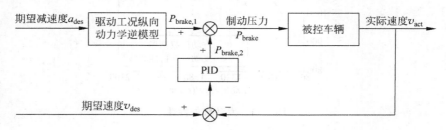

图 5-12 制动控制

$$P_{brake} = P_{brake,1} + P_{brake,2} \tag{5-27}$$

式中, $P_{brake,1}$ 为前馈控制量; P_{brake} 为总控制量(制动缸总压力); $P_{brake,2}$ 为反馈控制量。

其中,由前文可知,基于车辆逆动力学模型计算的前馈控制量如式(5-28)所示。

$$P_{brake,1} = P_b \tag{5-28}$$

同样,与驱动控制类似,利用速度误差、基于 PID 方法设计的反馈控制器如式(5-29)所示。

$$P_{brake,2} = K_{p2} v_{error} + K_{i2} \int_0^t v_{error} dt + K_{d2} \frac{dv_{error}}{dt} \tag{5-29}$$

3. 驱动与制动切换

驱动控制和制动控制器设计完成后,我们需要确定一个策略,使下层控制器能够根据上层控制器输出的控制目标,灵活、快速地切换驱动和制动。

本章选用最简单且可靠的基于阈值的控制切换方法。利用 CarSim 软件自带的数据模型确定基准曲线。在 CarSim 软件中设置 100km/h 的初始速度、0 油门和 0 制动,运行软件,记录下车辆的加速度和速度的变化规律,结果如图 5-13 所示。

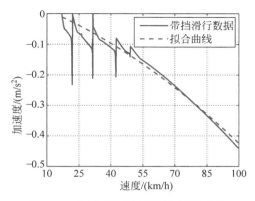

图 5-13 加速/制动控制切换逻辑曲线

如图 5-13 所示为获得的基准曲线,根据该曲线对车辆的速度和加速度进行二次曲线拟合,结果如式(5-30)所示。

$$a_s = -2.098 \times 10^{-5} u_a^2 - 0.002531 u_a + 0.03772 \quad (5-30)$$

式中,a_s 为基准加速度;u_a 为自车速度。

为了使切换策略和实际情况更接近,本研究引入了过渡区间。设置过渡区间宽度为 a_1 和 a_2,具体情况见表 5-1。

表 5-1 油门与制动切换策略

范　围	动　作
$a_{des} > a_s + a_1$	油门
$a_s - a_2 \leqslant a_{des} \leqslant a_s + a_1$	带挡滑行
$a_{des} < a_s - a_2$	制动

区间宽度 a_1 和 a_2 直接决定了油门与制动的切换条件,依据驾驶员驾驶习惯和舒适性进行标定。

5.3　反馈 MPC 的软件在环仿真测试

反馈 MPC 的软件在环仿真验证场景如图 5-14 所示,深色车辆为本车,浅色为环境车。道路为 850m 直道+半径 500m 的 1/4 弯道,环境车的车速恒定为 50km/h。

仿真的规划器采用人工势场算法,控制器采用反馈 MPC 算法。带有 PID 反馈的 MPC 控制器的仿真实验结果如图 5-15 和图 5-16 所示,图 5-15 所示为双移线路段的仿真结果,图 5-16 所示为过 1/4 弯道的仿真结果。

图 5-15(a)为双移线工况下反馈 MPC 控制器作用下,本车轨迹的仿真结果,可见控制

图 5-14 仿真场景

器能够较好地控制车辆沿着规划的轨迹行驶。图 5-15(b)为本车速度的仿真结果,车辆在双移线工况下略微减速,整体速度能够保持稳定。图 5-15(c)为本车航向角的仿真结果,整个过程中航向角保持稳定,而且变化平稳。图 5-15(d)为本车横摆角速度的仿真结果,可见在直行到转弯和转弯到直行的状态变化过程中(第 25s、32s、35s 时刻),车辆的横向运动有略微的振荡,振荡幅度较小(横摆角速度最大偏差值 0.43deg/s)且很快就能收敛稳定(调节时间 1.5s)。

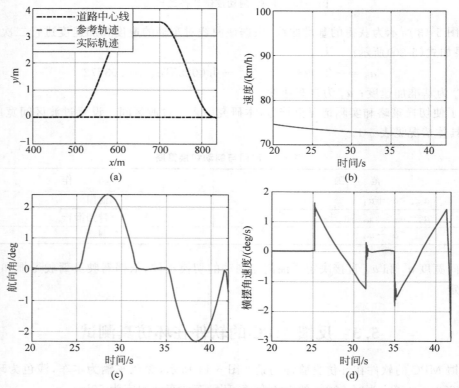

图 5-15 反馈 MPC 双移线工况下的仿真结果

图 5-16(a)为在 1/4 弯道处反馈 MPC 控制作用下,本车轨迹的仿真结果(局部放大),可见车辆的稳态误差较小,车辆的轨迹基本与车道中心线重合。图 5-16(b)为本车速度的仿真结果,速度能够保持稳定。图 5-16(c)为本车航向角的仿真结果,整个过程中航向角保

持稳定,呈线性变化,符合稳定过弯的车辆运行特性。图 5-16(d)为本车横摆角速度的仿真结果,在直行到转弯和转弯到直行的状态变化过程中(第 42s、80s 时刻),车辆的横向运动有略微的振荡,振荡幅度较小(横摆角速度最大偏差值 0.41deg/s),且很快就能收敛稳定(调节时间 1.2s)。

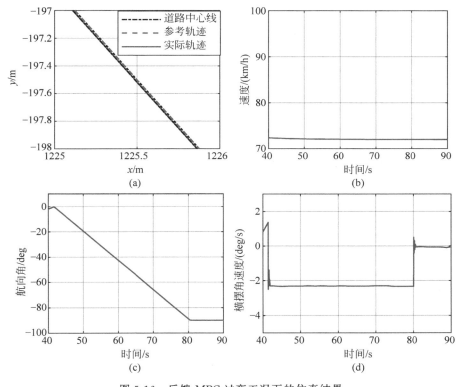

图 5-16　反馈 MPC 过弯工况下的仿真结果

传统的 MPC 控制器的仿真实验结果如图 5-17 所示,在 1/4 弯道处由于上文分析的误差累积的原因,车辆的轨迹明显偏离车道中心线。而且车辆在转弯换道的过程中,横摆角速度的振幅较大,甚至有时无法收敛。

图 5-17(a)为双移线工况下传统 MPC 控制器作用下,本车轨迹的仿真结果,可见控制器能够较好地控制车辆沿着规划的轨迹行驶。图 5-17(b)为本车速度的仿真结果,车辆在双移线工况下略微减速,速度能够保持稳定。图 5-17(c)为本车航向角的仿真结果,在直行到转弯和转弯到直行的状态变化过程中(第 25s、32s、35s 时刻)航向角有明显的振荡,经过一段时间后航向角能够收敛,车辆沿着预期的方向行驶。图 5-17(d)为本车横摆角速度的仿真结果,可见在直行到转弯和转弯到直行的状态变化过程中(第 25s、32s、35s 时刻),车辆的横向运动有较大的振荡(横摆角速度最大偏差值 0.49deg/s),经过一段时间后振荡收敛

(调节时间 2.3s)。

与上文中双移线工况下反馈 MPC 控制的结果相比,传统 MPC 控制在直行到转弯和转弯到直行的状态变化过程中的振荡更加明显(反馈 MPC 的横摆角速度最大偏差减小了 12.2%),且收敛的时间更长(反馈 MPC 的调节时间减少了 34.8%)。可见,相较于传统的 MPC 控制,反馈 MPC 控制有更好的稳定性和快速性。

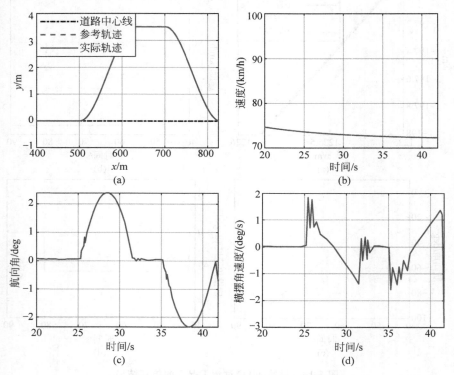

图 5-17 传统 MPC 双移线工况下的仿真结果

图 5-18(a)为在 1/4 弯道处传统 MPC 控制作用下,本车轨迹的仿真结果(局部放大),可见,在转弯时随着路程的积累,MPC 内模产生的跟踪误差会不断积累(参考轨迹和实际路径的微小误差会不断累积),导致车辆的稳态误差较大。图 5-18(b)为本车速度的仿真结果,速度能够保持稳定。图 5-18(c)为本车航向角的仿真结果,整个过程中航向角保持比较稳定,呈线性变化,符合稳定过弯的车辆运行特性。图 5-18(d)为本车横摆角速度的仿真结果,在直行到转弯和转弯到直行的状态变化过程中(第 42s、80s 时刻),车辆的横向运动有明显的振荡(横摆角加速度最大偏差值 0.98deg/s),且振荡持续的时间较长(调节时间 3.8s)。

与过弯工况下反馈 MPC 控制的结果相比,传统 MPC 控制在过大弯时,会有明显的累积误差,导致本车偏离车道中心线行驶。同时,反馈 MPC 控制的稳定性和快速性更好(反馈 MPC 控制的横摆角速度最大偏差减小了 58.2%,调节时间减少了 68.4%)。可见,相较于传统的 MPC 控制，反馈 MPC 控制能够有效消除稳态误差，获得更高的控制精度。

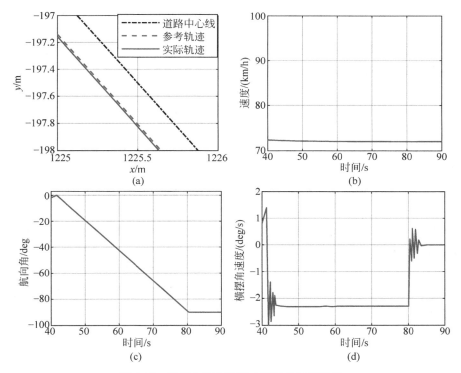

图 5-18 传统 MPC 过弯工况下的仿真结果

综上所述，带 PID 反馈的 MPC 控制能够很好地消除传统 MPC 控制车辆存在的横向控制误差累积问题，并且能够有效地改善车辆控制的动态性能（横摆角速度能够快速收敛）。Stanley 控制是当前实际应用于自动驾驶控制的主要方法之一[52]，在双移线工况下利用

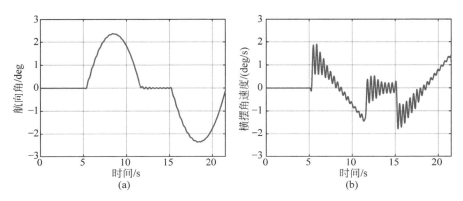

图 5-19 Stanley 控制双移线工况下的仿真结果

Stanley 算法进行控制仿真,仿真车速固定为 75km/h,仿真结果如图 5-19 所示。图 5-19(a)为本车航向角的仿真结果,整个过程中航向角有明显的振荡,且振荡收敛的速度很慢。图 5-19(b)为本车横摆角速度的仿真结果,车辆的横向运动有很大的振荡(横摆角速度最大偏差值为 0.6deg/s),振荡持续时间很长(调节时间为大于 5s),收敛很慢。可见,与 Stanley 算法相比,带 PID 反馈的 MPC 控制有更好的动态性能。

5.4 本章小结

本章在驾驶员个性化的决策、规划模型的基础上,设计了轨迹跟踪控制器。在传统的 MPC 算法的基础上,加入一个 PID 反馈通道,形成反馈 MPC 控制器,该控制器能够消除传统 MPC 控制器内模不准确产生的累积误差。为了提高 MPC 控制器的实时性,将 MPC 进行显式化处理,形成显式 MPC 控制器。此外,为了增强控制器对不同典型驾驶场景的适应能力,基于混成自动机算法设计了针对典型驾驶场景的控制器切换方法。为了体现不同驾驶员的个性,基于机会约束模型将不同驾驶员的操作特性引入 MPC 控制算法中。在软件在环仿真平台上进行了测试,测试结果表明反馈显式 MPC 控制器能够很好地对车辆进行实时控制,其控制精度优于 Stanley 控制和传统的 MPC 控制,其控制实时性远优于传统的 MPC 控制,接近 Stanley 控制。

第6章 考虑环境车行为特征的分布式 MPC 算法

除了体现人类驾驶行为的自动驾驶决策控制外,本章还开展考虑环境车驾驶行为特征的自动驾驶决策与控制研究,并基于改进的分布式 MPC 算法实现自动驾驶车辆的协同控制。

当不考虑环境车驾驶个性特征以及本车与环境车的相互影响时,自动驾驶车辆的决策控制可能会产生"误判"的情况。如图 6-1 所示,图 6-1(a)为 t_0 时刻本车与两个环境车的状态,当不考虑环境车驾驶员个性特征以及本车与环境车的相互影响时,本车的目标路径如图 6-1(a)所示。但是,当环境车 1 的驾驶员相对于本车驾驶员更为激进或激进程度相同时,受到本车靠近的影响,环境车 1 会加速行驶,t_1 时刻三辆车的状态变为了图 6-1(b)所示,此时环境车 1 与环境车 2 距离过近,且环境车 1 位于环境车 2 的前方,本车不具备换道超车的条件,只能放弃变道,回到原来车道,跟驰环境车 1 行驶。在实际的驾驶场景中,该种情况风险较高,容易造成交通事故。因此,在自动驾驶车辆的决策和控制算法设计时,若是能够考虑环境车驾驶个性特征以及本车与环境车的相互影响因素,则能够有效地提高决策与控制的准确性,提升道路交通安全。

基于预测的决策、规划与控制算法种类很多,但是目前考虑环境车行为特征的自动驾驶决策、规划与控制算法的研究较少。Wei 等[53]融合惩罚函数和意图预测算法进行轨迹规划和控制,将基于驾驶策略的成本函数融合进 MPC 控制算法中,实现自动驾驶汽车协同的规划和控制。

当环境车也为自动驾驶车辆时,本章讨论的考虑环境车行为特征的决策与控制就变为了考虑驾驶员个性的协同控制的问题。当前,国内外学者在车辆协同控制方面进行了大量的研究。模型预测控制是解决车辆协同控制的主要方法之一,主要做法是每一步都会计算所有车辆一段时间窗口内各种约束条件下的最优控制策略。与基础 MPC 控制的区别是多车协同 MPC 将车-车的协同关系引入惩罚函数内或约束条件中,使多个车辆的运动符合一定的决策规划要求。通常采用的集中式模型预测控制包含大量的约束和较大的状态变量维

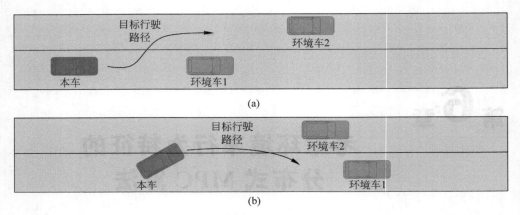

图 6-1 不考虑环境车行为特性的车辆控制
(a) t_0 时刻车辆控制的路径；(b) t_1 时刻车辆控制的路径

度,这导致了运算量的激增,无法进行实时控制。为了减小运算量、实现实时控制,学者们提出了分布式 MPC 的方法[54],具体做法是各车基于本车当前的状态和预估的环境车的状态进行路径的规划和控制,以不大的运算量实现多车的协同。上面的研究大部分是基于物理约束及车辆动力学特征进行车辆交互性的决策控制,并未考虑驾驶员个性化的操作需要。针对以上问题,本章开展考虑环境车驾驶行为特征的自动驾驶决策与控制研究,基于改进的分布式 MPC 算法实现自动驾驶车辆的协同控制。

6.1 基于驾驶行为相容性分析的自动驾驶行为决策

1. 驾驶行为相容性

在多车协同控制中,有学者提出相容性约束的概念,目的是使本车的运动与它被环境车预测的轨迹相差不大[55]。与之相似,本章提出了驾驶行为相容性的指标,用来表征不同驾驶员之间的个性化特征的相似程度。

在概率统计之中,相关性系数这个指标可以表征两个变量的变化趋势和特征的相关性程度,其定义如式(6-1)所示。

$$\rho_{xy} = \frac{\mathrm{cov}(x,y)}{\sigma_x \sigma_y} \tag{6-1}$$

式中,$\mathrm{cov}(x,y)$ 为 x 和 y 的协方差,$\mathrm{cov} = E[(x-\mu_x)(y-\mu_y)]$；$\sigma_x$ 和 σ_y 分别为 x 和 y 的标准差。

本章的驾驶行为相容性仅限于高速公路场景下进行研究,在高速公路场景下换道是最主要的行驶工况,由第 2 章的研究可知,驾驶员换道行为的个性主要体现在驾驶员换道三个阶段的速度、车道偏移量、横摆角速度和横摆角加速度,为了简化运算,本章采用车道偏移量、横摆角速度和横摆角加速度这三个变量 C1 阶段的数据建立驾驶行为相容性的模型。

因为相关系数 ρ_{xy} 的取值范围为 $[-1,1]$，取 $co_{xy}=\rho+1$ 作为判定指标。具体地，两个驾驶员驾驶行为相容性的数据模型如式(6-2)所示。

$$M = \begin{pmatrix} co_{d1} & co_{d2} & co_{d3} \\ co_{\omega 1} & co_{\omega 2} & co_{\omega 3} \\ co_{a1} & co_{a2} & co_{a3} \end{pmatrix} \tag{6-2}$$

式中，co_d 代表两车车道偏移的相关性系数；co_ω 代表两车横摆角速度的相关系数；co_a 代表两车横摆角加速度的相关性系数。

取矩阵 M 的 Frobenius 范数作为判断指标，如式(6-3)所示。

$$\text{Index}_{co} = \|M\|_F \tag{6-3}$$

根据概率统计的结论，当 $co_{xy} > 0.7$ 时认为两组数据的相似度较高，因此通过计算得到，本研究中当 $\text{Index}_{co} > 5.1$ 时则认为两车的驾驶行为相似程度较高。

2. 环境车影响下的车辆驾驶策略分析

在实际的高速公路道路上，车辆面对各种场景有很多种驾驶策略，利用第 2 章中自然驾驶实验采集的视频数据，对人类驾驶员的协同策略进行总结和分析。

1) 换道超车(快车道)

当本车和前车都处在慢速车道，前车速度较慢时，本车会在接近到一定距离的时候变换到快车道超过前车，如图 6-2 所示(A 车为本车，B 车为环境车，以下相同)。

彩图 6-2

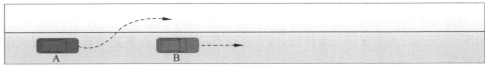

图 6-2　换道超车(快车道)示意图

2) 直接超车(快车道)

如图 6-3 所示,当本车处在快车道,前车处在慢车道时,本车会在快车道直接超越前车。

彩图 6-3

图 6-3 直接超车(快车道)示意图

由于本研究篇幅限制,后续场景都用示意图表示,不再截取视频图片。

3) 被动让行(慢车道)

如图 6-4 所示,本车在慢车道且车速较慢,后方来车的车速较快,本车减速,后方车辆加速超越。

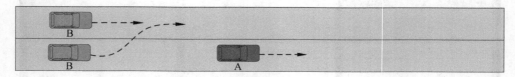

图 6-4 被动让行(慢车道)示意图

4) 换道超车(慢车道)

如图 6-5 所示,本车和前车均在快车道行驶,本车相对于前车速度较快,前车没有换道让行,则本车变换到慢车道超越前车。

5) 直接超车(慢车道)

如图 6-6 所示,本车在慢车道行驶,前车在快车道以较慢的车速行驶,本车直接在慢车道超越前车。

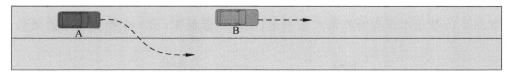

图 6-5　换道超车(慢车道)示意图

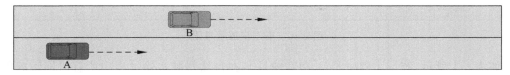

图 6-6　直接超车(慢车道)示意图

6) 被动让行(快车道)

如图 6-7 所示,本车在快车道车速较慢,后方来车。后方车辆从慢车道超越本车。

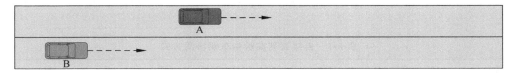

图 6-7　被动让行(快车道)示意图

7) 被动超车

如图 6-8 所示,本车和前车都在快车道,前车速度较慢,前车减速换道让行,本车超越前车。

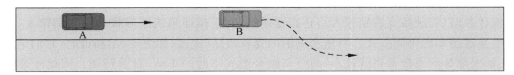

图 6-8　被动超车示意图

8) 主动让行

如图 6-9 所示,本车和后车都在快车道,后方车靠近,本车减速换道让行,后车超越本车。

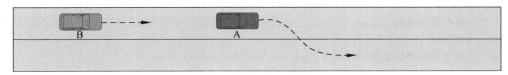

图 6-9　主动让行示意图

9) 前车变道

如图 6-10 所示本车与前车都在慢车道,本车靠近前车,前车变换到快车道然后加速驶离。

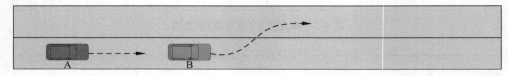

图 6-10 前车变道示意图

如表 6-1 所示,统计了驾驶员 A 和驾驶员 B 在自然驾驶实验过程中所有协同策略的次数。驾驶员 A 有较多的 A、C、H 协同方式,而驾驶员 B 有较多的 A、B、G 协同方式。由此可以推测,当在高速公路上驾驶员 A 和驾驶员 B 相遇时,两车的协同方式很可能是:驾驶员 A 主动让行,驾驶员 B 超越驾驶员 A 车。由第 2 章的分析可知,驾驶员 A 和驾驶员 B 的驾驶行为特点差别较大,即驾驶员 A 的操作方式相对保守,而驾驶员 B 的操作方式相对激进。

表 6-1 自然驾驶实验中车辆协同方式

协同方式	A	B	C	D	E	F	G	H	I
驾驶员 A	12	3	39	1	0	5	1	19	1
驾驶员 B	35	17	9	7	3	0	11	1	1

3. 基于驾驶行为相容性的自动驾驶决策

由上文高速公路场景下自然驾驶协同策略的分析和总结可知,当两个车辆的驾驶行为相容性较差时(驾驶特点差别较大),它们选择的速度、横摆角速度等状态量差别较大,就容易产生换道超车的协同方式。当两个车辆的驾驶特征(速度、加速度等)相近时,它们选择的速度、加速度等状态量差别就较小,两个车辆会组成临时的车队,跟驰行驶。因此考虑环境车行为特征的协同决策为:当两车相容性较好时,跟驰行驶;当两车相容性较差时,换道超车。具体在第 3 章中的决策框架实现如下所示。

计算跟驰场景下规划器关键系数及协同规则 DecisionSocial

输入:本车状态< struct > car_local,环境车状态< struct > car_evironment,平均车速 < vector > u_mean,平均加速度 < vector > a_mean,平均航向角 < vector > phi_mean,平均横摆角速度 < vector > omega_mean,平均横摆角加速度 < vector > omega_dot_mean,平均车头时距 < vector > thw_mean,其他变量 < vector > additon.

输出:规划器的关键系数< vector > Coeffs,行车模式 < scalar > Mode.

(1) Driver 为 A 或者 B ←判断驾驶员;

(2) CoIndex←利用式(6-1)、式(6-2)和式(6-3)计算驾驶行为相容性指标;

(3) 如果 CoIndex 大于 5.1 且本车的平均车速比环境车高←协同方式判断；
(4) 那么 协同方式 Rule 为 Ⅰ；
(5) 如果 CoIndex 大于 5.1 且本车的平均车速比环境车低；
(6) 那么 协同方式 Rule 为 Ⅱ；
(7) 如果 CoIndex 小于 5.1；
(8) 那么 协同方式 Rule 为 Ⅲ；
(9) 行车模式为 car-following 或者 lane-changing ←基于协同方式 Rule 及交通环境进行行车模式判断；
(10) Coeffs←基于自然驾驶个性化行为特征计算规划器的关键系数；
(11) 输出 Mode,Coeffs←输出行车模式和规划器的关键系数

6.2　分布式 MPC 控制设计

本章的自动驾驶决策控制有两种情况：一是环境车不可控，该种情况下，根据本车和环境车的驾驶行为相容性关系，预测环境车的行为，控制本车的运行；二是环境车也为自动驾驶车辆，与本车可以进行通信和一定程度的协同，这种情况下，可以用协同控制的方式处理本车与环境车的控制问题。综上所述，本章使用协同控制的框架进行控制器的设计，这样既可以处理单车的控制，也可以处理多车的协同控制。

在解决多车协同控制的问题时，主要产生了两种思路：集中式控制和分布式控制。在集中式控制方法中，所有的信息会在决策控制中心汇总，进而在控制中心进行相关的决策控制，再将相应的决策控制指令发送给协同的车辆个体，以此实现一定区域内多车的协同。这就对决策控制中心的算力提出了很高的要求，不适用于车辆这种信息和运算非常复杂的控制对象。而分布式控制中，每个被控对象立足于自己进行决策控制，不同对象间只进行状态信息的交换，对算力的要求很低，因此本研究采用分布式控制方法，而分布式控制设计也是混成系统建模的重要工具和手段。

基于混成自动机的多车分布式协同控制如图 6-11 所示。该系统主要解决两个方面的问题：一是自动驾驶车辆的分布式控制；二是不同自动驾驶车辆的协同控制。具体来说，自动驾驶车辆通过其自身的分布式控制器，实现自车的自主控制，以此来确保车辆行驶的安全性，与此同时，基于协同控制算法实现不同自动驾驶车辆之间的协同运行。根据本车状态、环境车状态以及交通环境确定车辆的协同策略，从而提升行车的安全性，同时也能实现自动驾驶车辆行驶的个性化操作以及交通流的优化等目的。多车协同系统中的单车控制具有显著的混成性，即在离散、独立的协作策略内具有不同车辆的连续动力学系统。分布式的局部控制器利用获取的信息（本车状态、环境车状态以及交通环境状态等），采用基于本车动力学/运动学模型的模型预测控制方法，计算出各自的控制输出量，从而实现车辆的自动驾驶；且该局部控制器利用车-车、车-路通信的方式获取附近可协作车辆，把单个自动驾驶车辆的横纵向动力学/运动学和车-车间横纵向动力学/运动学特性融合到多车协同控制体系

中,即通过通信技术将可协同车辆的局部控制器联合在一个决策系统内部,以实现一定范围内多车所需要的协同运行。

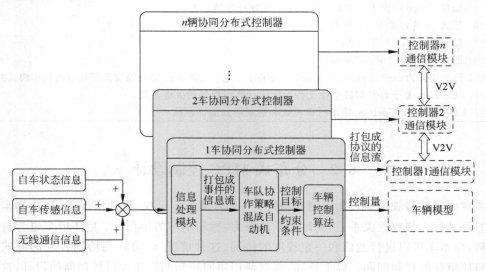

图 6-11 基于混成自动机的多车分布式系统控制

设有 N_a 个车辆组成一个系统,且车辆 i 满足离散时不变状态方程,如式(6-4)所示。

$$x^i(k+1) = f^i(x^i(k), u^i(k)) \tag{6-4}$$

设各个车辆在同一平面内运动,且每个车辆占有的区域如式(6-5)所示。

$$W_i = \left\{ q \in R^2 : \|q_x - q_x^i\| \leqslant \frac{d_i}{2}, \|q_y - q_y^i\| \leqslant \frac{d_i}{2} \right\} \tag{6-5}$$

定义在车辆 i 附件一定范围内的车辆为其邻车,表达式如式(6-6)所示。

$$N_i = \{ j \mid \|q^i(k) - q^j(k)\| \leqslant D_{\min}, D_{\min} > 0, j \in \{1, \cdots, N_a\} \} \tag{6-6}$$

对车-车的碰撞关系进行定义和分析,由于上文定义车辆所占的区域为长方形,所以,车-车之间的碰撞关系如式(6-7)所示。

$$\begin{aligned} |q_x^i - q_x^j| &\geqslant \frac{d_i + d_j}{2} \\ |q_y^i - q_y^j| &\geqslant \frac{d_i + d_j}{2} \end{aligned} \tag{6-7}$$

基于以上碰撞关系,可以将碰撞分为如下四类,其中,有 $1 \leqslant b_{i,j}^E + b_{i,j}^W + b_{i,j}^N + b_{i,j}^S \leqslant 2$。

$$(1) \quad q_x^j - q_x^i + \frac{d_i + d_j}{2} \leqslant M(1 - b_{i,j}^E)$$

$$(2) \quad q_x^i - q_x^j + \frac{d_i + d_j}{2} \leqslant M(1 - b_{i,j}^W)$$

$$(3)\ q_y^j - q_y^i + \frac{d_i + d_j}{2} \leqslant M(1 - b_{i,j}^{\mathrm{S}})$$

$$(4)\ q_y^i - q_y^j + \frac{d_i + d_j}{2} \leqslant M(1 - b_{i,j}^{\mathrm{N}})$$

将该碰撞关系和约束表示为式(6-8)。

$$g^{i,-i}(x^i(k), x^{-i}(k), b_{i,j}) \leqslant 0 \tag{6-8}$$

当两车接近时,为了防止碰撞,两车需要进行协同控制。为实现运动方向的一致,需要加入协调规则的约束,使对象按照一定的规则运行。

图 6-12 左侧所示为上文总结的几种典型的驾驶场景,分析可以发现,在大部分驾驶场景下,当两车的驾驶行为相容性较差时,操作偏激进的车辆都偏向于向左侧的快速车道行驶,而操作偏保守的车辆都趋向于向右侧的慢速车道行驶,因此过一段时间后,两车的关系都会变成图 6-12 右侧所示的情况(i 车偏激进,j 车偏保守)。基于此我们确定的协调规则为,两车中偏激进的车倾向于从偏保守的车辆左侧超车,而偏保守的车辆会偏向于向右侧让行。

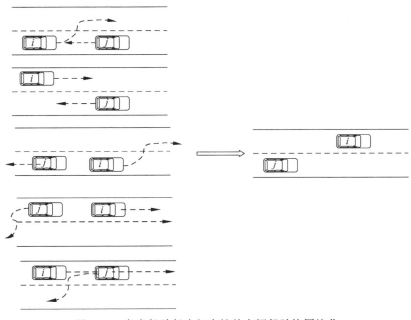

图 6-12 考虑驾驶行为相容性的车辆驾驶协同演化

本章采用布尔运算的方法来确定驾驶行为相容性较差的两车的协同规则。首先引入如式(6-9)~式(6-12)所示的辅助函数。

$$h(y(k)) = \begin{cases} 1, & y(k) \geqslant 0 \\ 0, & y(k) < 0 \end{cases} \quad (6-9)$$

$$g(y(k)) = \begin{cases} 1, & y(k) \cdot y(k-1) \geqslant 0 \\ 0, & y(k) \cdot y(k-1) < 0 \end{cases} \quad (6-10)$$

$$f(y(k)) = \begin{cases} 1, & y(k) > 0 \\ 0, & y(k) = 0 \end{cases} \quad (6-11)$$

$$e(y(k)) = \begin{cases} 1, & |y(k)| > S \\ 0, & y(k) \leqslant S \end{cases} \quad (6-12)$$

式中，$y(k)$ 表示两车在横向方向或纵向方向的差值。$y(k) \cdot y(k-1)$ 表示在 $k-1$ 和 k 时刻，两车坐标于横向或纵向方位差值的乘积。$h(y(k))$ 表示两坐标点之间的方位关系。例如，当 $y(k) = q_x^i(k) - q_x^{i,d} \leqslant 0$，则表示在 k 时刻，车辆 i 所在的坐标点在其目标坐标点的后面。$g(y(k))$ 则表示相邻时刻两智能体于横向或纵向方位关系是否发生变化。例如，当在 $k-1$ 时刻 $y(k-1) = q_y^i(k-1) - q_y^j(k-1) \geqslant 0$，而在 k 时刻 $y(k) = q_y^i(k) - q_y^j(k) < 0$，则 $g(y(k)) \leqslant 0$，表示从时刻 $k-1$ 到时刻 k，i 车从 j 车的上面移动到了右面。

本章中 i 车为偏激进的车辆，j 车为偏保守的车辆，则定义的协调规则如式(6-13)所示。

$$r_{i,j} = \overline{T}_3 \overline{T}_5 \overline{T}_6 T_2 \overline{T}_4 + \overline{T}_3 T_5 T_6 T_2 T_4 + T_3 \overline{T}_5 T_6 T_2 T_4 + T_3 T_5 T_6 T_3 \overline{T}_4 \quad (6-13)$$

$$\begin{cases} T_{1a} = h(D_i - D_j) \\ T_{1b} = f(D_i - D_j) \\ T_2 = g(p_y^i(k) - l) \\ T_3 = h(p_y^i(k) - l) \\ T_4 = g(p_y^j(k) - l) \\ T_5 = h(p_y^j(k) - l) \\ T_6 = h(p_x^i - p_x^j) \\ T_7 = h(p_x^{d,i} - p_x^{d,j}) \\ T_8 = h(p_y^{d,i} - l) \\ T_9 = g(p_x^i - p_x^j) \\ T_{10} = e(p_x^i - p_x^j) \\ T_{11} = h(p_y^i(k) - l) \odot h(p_y^j(k) - l) \end{cases}$$

式中，T_3 代表 i 车在快车道，T_5 代表 j 车在快速车道，T_6 代表 i 车在 j 车之后，T_3 代表 i 车换道，T_4 代表 j 车换道。

基于以上分析，在 k 时刻 i 车的滚动优化的惩罚函数如式(6-14)所示。

$$J = \min_{\{U^i(k)\}} \sum_{t=0}^{N-1} L^i(x^i(k\mid k+t), u(k\mid k+t), x^{-i}(k\mid k+1), u^{-i}(k\mid k-1)) +$$

$$L_N^i(x^i(k\mid k+N), x^{-i}(k\mid k+N)) + \sum_{t=0}^{N-1} \sum_{j\in N_j} r_{i,j} b_{i,j}(k) \tag{6-14}$$

6.3 分布式 MPC 的软件在环仿真测试

仿真验证的场景如图 6-13 所示，标有"高"的车辆代表更为激进的车辆，标有"低"的车辆代表更为保守的车辆，三车都是自动驾驶的车辆，为三车协同控制的驾驶场景。

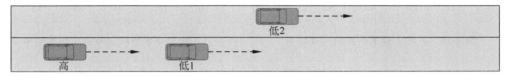

图 6-13 仿真实验场景

仿真实验结果如图 6-14～图 6-17 所示。图 6-14 为仿真的轨迹结果，由图中可知激进的车辆"高"遇到第一个保守车辆"低 1"时采取了换道超车的策略，而第二个保守车辆"低 2"在后方有车辆"高"靠近时采取了换道避让的策略。该协同结果与上文分析的驾驶相容性差的车辆的协同策略一致：偏激进的车辆与偏保守的车辆相遇时，前者会换道超车，而后者会让行。

图 6-15 为仿真的车速结果，由图中可知，偏激进的车辆"高"加速超越车辆"低 1"，后者被车辆"高"超车时采取了减速让行的操作。车辆"低 2"换道完成行驶至车辆"低 1"前时，采取了稍微加速然后减速的操作，而车辆"低 1"在后期加速靠近车辆"低 2"开始跟驰车辆"低 2"。这三辆车协同的过程符合上文分析的人类驾驶员的操作习惯：保守驾驶员被超车时会减速让行，偏激进的车辆会加速换道超车，驾驶行为相容性好的车辆会跟驰行驶。

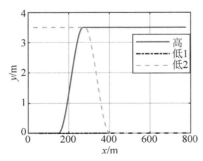

图 6-14 协同车辆的轨迹仿真结果

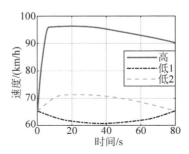

图 6-15 协同车辆的速度仿真结果

图 6-16 和图 6-17 分别为航向角和横摆角速度的仿真结果，保守车辆"低 1"一直是直行状态，偏激进的车辆"高"换道超车，保守车辆"低 2"换道避让，由图 6-16 可见激进的车辆横摆角速度的幅值较大，而保守车辆的较小。

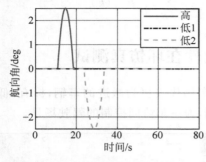

图 6-16 系统车辆的航向角仿真结果

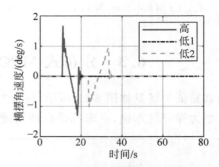

图 6-17 协同车辆的横摆角速度仿真结果

综上所述，基于分布式模型预测控制结构设计的考虑环境车行为特征的决策与控制算法可以很好地控制本车与环境车协同运行，并且能够体现出个性化的协同特点，该特点符合基于自然驾驶实验分析出的人类驾驶员的决策特性：偏激进的车辆与偏保守的车辆相遇时，前者会加速换道超车，而后者会减速让行。

6.4 本章小结

本章提出了驾驶行为相容性的指标概念，用来量化两个驾驶员的个性化特征的相似程度，高度相似的驾驶员之间偏向于跟驰行驶，而相似度低的驾驶员会发生换道、超车的驾驶场景。并利用自然驾驶实验数据研究了驾驶员的协同策略，总结了在高速公路上，偏激进的驾驶员与偏保守驾驶员的协同模式：前者会行驶到快车道，而后换道超车；后者会转移到慢车道，减速让行。基于这一特点设计了分布式 MPC 控制器，实现了本车和环境车按照一定的决策规则协同行驶。软件在环仿真测试结果显示：该考虑环境车行为特征的决策控制方法能够控制一定范围内的车辆协同稳定地行驶，控制的结果能够符合对应驾驶员个性化的特征。

第7章 个性化自动驾驶实验测试平台

本研究主要通过搭建硬件在环测试平台以及实车测试平台对体现人类个性化自动驾驶的自动驾驶决策、规划与控制算法进行了验证。首先根据本研究提出的个性化自动驾驶系统的决策、规划和控制的结构建立硬件在环测试平台,对体现人类驾驶行为的自动驾驶算法和考虑环境车行为特征的自动驾驶算法进行测试。在完成算法的硬件在环测试后,将其移至实际的自动驾驶车辆上,进行进一步的测试验证。由于实车实验平台的性能限制和实验安全问题,本研究只对体现人类驾驶行为的自动驾驶算法进行实车验证。

从当前主流的做法来看,自动驾驶车辆决策、规划与控制算法的测试验证主要有两大类:仿真测试与实车测试。仿真测试主要是利用自动驾驶仿真软件对车辆实际运行的过程进行模拟,从而达到快速、安全测试的目的,具有的高安全性、低周期、低成本等特点在自动驾驶算法测试方面体现出无比的优越性。谷歌、特斯拉、百度等企业的自动驾驶方案均大量采用了计算机仿真方式对决策、规划和控制算法进行测试验证和迭代。

当前仿真测试方法可分为模型在环(Model in the Loop,MIL)、软件在环(Software in the Loop,SIL)、处理器在环(Processor in the Loop,PIL)、硬件在环(Hardware in the Loop,HIL)、车辆在环(Vehicle in the Loop,VIL)几个等级,如图 7-1 所示。

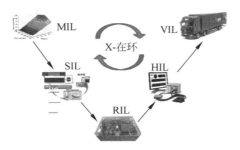

图 7-1 自动驾驶算法测试 V 模式

MIL 让构建的模型在开发环境下模拟运行,通过遍历各种可能遇到的驾驶工况,检验该模型是否能够满足设计目标。SIL 与 MIL 类似,利用大量的测试用例进行测试,检查算法代码是否能够实现预计功能。PIL 方法与 SIL 类似,区别在于 PIL 需要将被测模型置于目标处理器上运行测试。

HIL 采用虚实结合的方法,直接将搭载算法的被测对象接入虚拟仿真环境。针对测试需求的不同,HIL 测试对被测对象的输入和输出环境进行定义,设计所需的测试用例。在 HIL 测试完成后,自动驾驶算法就可以移至实车平台进行实车验证。

本研究采用 SIL 测试→HIL 测试→实车实验的测试的过程,并根据需要通过搭建相关测试平台对设计车辆的个性化自动驾驶算法进行功能和可靠性验证。本章对相关算法进行 HIL 测试和实车测试,全方面地验证算法的功能性和可靠性。

7.1 硬件在环

7.1.1 硬件在环仿真测试平台

决策、规划与控制算法的 SIL 仿真测试完成后,需要在 HIL 测试系统中对其功能及可靠性进行进一步的测试。

HIL 测试是指在测试过程中突出测试者所关心的部分,该部分使用搭载了算法的实物硬件,而其余部分采用仿真的手段尽可能接近真实的情况,从而使所测试的"硬件"在测试功能达标后,只需微调就能够在实际运用中直接使用。

本节针对自动驾驶车辆的决策、规划及控制算法进行 HIL 测试系统的设计开发,利用该系统进一步测试自动驾驶算法的功能性、可靠性及安全性,使测试后的算法能够基本达到实车应用的要求。为了尽可能贴近实车环境,HIL 测试系统在整体结构设计上要求:应尽可能使仿真测试系统的被测单元的输入来源、输出结果与实际自动驾驶车辆运行过程中的输入、输出状况一致。综合考虑到实际自动驾驶车辆的系统架构及功能模块,对应的 HIL 测试系统应包含场景建模模块、智能网联模块、多传感器模块、车辆动力学模块、决策模块、规划模块、控制模块等功能模块,其框架结构及数据流形式如图 7-2 所示。

本研究采用英伟达的 Jetson TX2 作为车载"大脑",承担行为决策、动作规划以及车辆控制三大模块,车辆动力学模型通过相应的软件载入到实时机中实现实时仿真,通过 CAN-BUS 通信将决策规划与控制的输出传入到动力学模块中,实现对仿真车辆的控制。被控的动力学模块的运动状态及参数映射到驾驶场景模型中,驾驶场景模型中的本车通过传感器模型和智能网联模型获取交通信息。本车获取交通环境信息的方式有两种:①在不考虑通信条件的情况下,本车直接通过以太网获取;②在考虑通信条件的情况下,通过车载通信单元(On Board Unit,OBU)、路侧通信单元(Road Side Unit,RSU)以及传感器模块获取。本车的决策、规划与控制模块将车辆动力学模块输入的本车动力学数据(如车速、横摆角等)、多传感器模块中的感知数据、智能网络模块中的通信数据等进行综合处理,基于自定义的算法输出控制量(如方向盘转角、油门开度等),实现了仿真数据的闭环。由于本研究不研究

V2X 的通信问题,因此本车的决策、规划及控制模块直接通过以太网获取交通环境及车辆动力学数据。

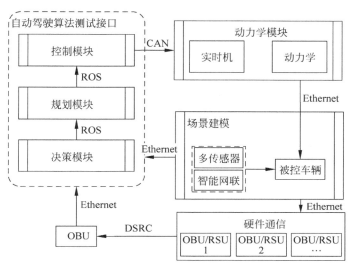

图 7-2 系统整体框架

各个模块功能如表 7-1 所示。

表 7-1 HIL 仿真测试系统的模块及其功能

模块名称	功　　能
场景建模模块	搭建测试的道路、标线等静态地图环境以及仿真过程中的交通流、红绿灯等动态交通环境
智能网联模块	搭建 V2X 车联网通信环境,包括基于仿真软件的虚拟仿真通信以及 OBU/RSU 设备的真实通信
多传感器模块	提供本车的环境感知功能,为决策、规划与控制模块中的算法提供实时的感知数据
决策模块	利用智能网联数据、多传感器数据以及车辆自身的动力学数据,基于自定义的决策算法进行自动驾驶车辆的行为决策,如个性化驾驶员模式切换、换道、跟驰等
规划模块	根据输入的决策结果,考虑车辆及交通环境的物理约束,基于自定义的规划算法生成本车的目标轨迹
控制模块	基于自定义的控制算法,跟踪规划模块输入的目标轨迹,输出车辆的控制量,如方向盘转角、油门开度、制动缸压力等
车辆动力学模块	建立接近实际车辆物理特征的多自由度、非线性车辆动力学模型

上文将自动驾驶车辆感知、决策、规划、控制等过程按照信号流向的顺序进行抽象建模,并做出功能划分。这样的划分方式使得每个模块能够根据其自身的功能各司其职,提升了 HIL 测试系统的开发效率。

如上文所述,自动驾驶 HIL 仿真测试系统包含多个处理器,且在系统仿真测试时需要同时运行 CarSim、MATLAB、Sumo 等多种软件。此外,自动驾驶系统的实时性要求较高,其仿真步长一般是毫秒级,且由于车辆动力学和交通环境的复杂性,其决策、规划和控制算法需要处理大量的数据。这就要求 HIL 仿真测试系统的各个模块有很高的运行效率以及数据交互效率。

本研究采用的 HIL 仿真测试系统的数据流动方式如图 7-3 所示。

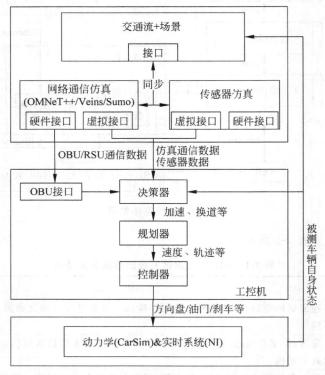

图 7-3 数据交互框架

HIL 仿真测试系统所建立的模拟驾驶场景包含了本车、环境车辆(由 SUMO 等交通流软件生成)、道路环境、标志标线等基础设施。仿真运行过程中,在"交通流+驾驶场景"仿真软件、网络通信仿真软件、车辆动力学仿真软件、传感器仿真软件、车辆控制单元之间不断地进行实时交互通信,完成仿真测试系统数据信号的生成、同步、传递和删除。本系统为了保持实时性,每个仿真步长开始时,对仿真系统中的所有交通元素信息(车辆、交通信号灯等)进行毫秒级(小于 2ms)的同步。

本系统在驾驶场景、网络通信、多传感器感知以及车辆动力学模型方面的仿真运行均需要基于地图数据进行,因此在 HIL 仿真测试系统运行过程中,各种仿真元素(车辆、道路等)与地图数据的匹配是首先需要解决的问题。本研究采用 C/S 架构的数据更新模式,即把驾驶场景地图和车辆作为服务端,决策、规划、控制、感知等模块作为客户端,客户端实时监听服务端的数据信号。如图7-4所示,在仿真开始前将车辆动力学模型发送至 HIL 仿真测试系统中,生成实时的车辆动力学模块。然后,利用编写的脚本命令,实现仿真场景之间自动转换和对应模块地图之间的实时导入,从而实现了多仿真测试场景的实时、快速切换。

由上文可知,模拟驾驶场景生成、同步、更新的过程中,通信仿真软件和传感器仿真软件也随之同步与更新。在仿真开始前,预先设定通信仿真和传感器仿真的各项主要参数(通信仿真的主要参数为通信时延、通信距离等,传感器仿真的主要参数为采样频率等),通信仿真数据和传感器仿真数据以相应的格式标准数据帧的形式,通过 TCP/IP 协议利用以太网传输的方式发送至 TX2,TX2 中搭载的决策、规划与控制模块利用这些数据信号开始进行自动驾驶控制输出。

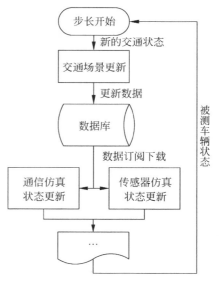

图7-4 仿真数据更新逻辑

此外,本系统中通信仿真软件还可以与真实的 OBU 和 RSU 进行连接通信,即该系统可以支持进行通信模块的 HIL 仿真测试。但本研究并不进行与 V2X 通信相关的算法模型研究,因此,仿真测试系统的这部分测试功能,本研究中没有充分利用。为了简化测试过程,本研究的测试系统采用真实通信和模拟通信相结合的方式进行。

本 HIL 系统基于机器人和自动驾驶领域应用广泛的机器人操作系统(Robot Operating System,ROS)部署硬件 TX2 中的决策、规划和控制模块。如图7-5所示,通过 ROS 通信框架下的主题发布和订阅的形式来解决不同模块间通信的问题。该框架下的通信时延为微秒级,完全可以满足自动驾驶的实时性需求。

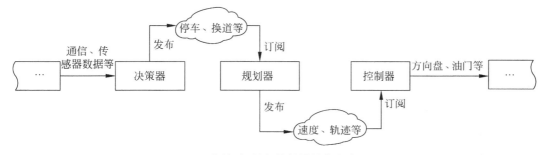

图7-5 决策、规划与控制模块信息交互图

最终,TX2 中控制模块输出的控制量(发动机转矩、方向盘转角、油门开度、制动缸压力等)通过 CAN-BUS 通信输入到实时机中搭载的车辆动力学模型中,实时动力学模型输出本

车的运动状态,这样就形成了数据信号的闭环,与实际自动驾驶车辆系统的运行方式一致。

1. 实时车辆动力学模型

HIL 动力学模型中一个非常关键的环节在于其实时系统,实时系统相当于整个 HIL 系统运行的躯干,承载着系统的运行,为整个 HIL 仿真系统提供实时环境,使仿真的执行步长与车辆实际运行过程中的执行步长相同,该特性能够验证被测试算法的有效性、可靠性和实时性,使测试完成后的算法能够直接投入实车的应用。

本研究利用自动驾驶测试行业内功能最为全面的美国国家仪器(National Instruments,NI)公司 HIL 仿真测试方案的软硬件搭建仿真测试的实时环境。NI 公司的 NI-VeriStand 是 NI 公司仿真测试系统对应的软件。利用该软件可以实现数据采集、数据通信、仿真控制、实时仿真等功能。基于该软件可以将 NI 公司相应的硬件集成在一个实时仿真测试系统中,仿真测试的相应参数可以通过软件自带的操作界面进行调整控制,以实现各种不同的测试目的。

NI-PXI 是 NI 公司研发的仿真测试硬件,在全球的工程仿真测试领域被广泛应用。NI 公司平台灵活的特点可以为高级驾驶辅助系统(ADAS)、智能网络 V2X 等自动驾驶技术提供多样的 HIL 测试方案。该方案可以使我们更方便地设置 HIL 系统来达到汽车电子控制器的测试要求,在较短的测试周期内达到测试的需求。

NI-PXI 系统主要由三部分组成:机箱(Chassis)、嵌入式控制器(Controller)以及外围模块(Peripheral Modules),系统架构如图 7-6 所示。

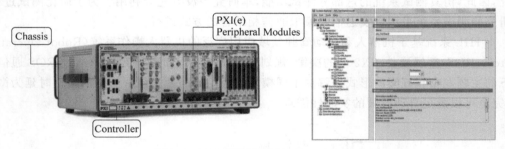

图 7-6 NI-PXI 硬件及 VeriStand 软件

CarSim 软件是车辆动力学仿真领域内认可度最高的软件,它包括高精度的车辆动力学模型及动力学仿真需要的一系列工具箱,能够提供驾驶员模型、仿真道路场景、空气动力学模型等。如图 7-7 所示,本研究通过 NI-VeriStand 软件将 CarSim 软件建立的车辆动力学模型搭载到 NI 硬件实时环境中,作为 HIL 仿真测试的被控对象。

2. 车联网通信仿真系统

智能网联通信 V2X 多用于车-车、车-路之间的通信,可以为智能交通、自动驾驶车辆提供超视距感知,有效地提高交通安全和效率。本研究中 HIL 仿真测试系统模拟实际环境的

第 7 章 个性化自动驾驶实验测试平台

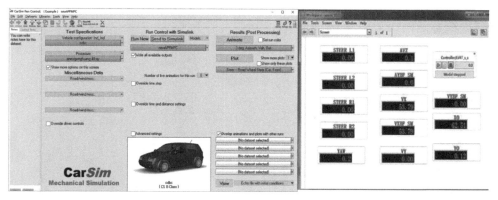

图 7-7 CarSim 与 NI-VeriStand 仿真界面

自动驾驶车辆环境感知及通信过程，建立了 V2X 智能网联 HIL 通信模块。

当前，国内外在智能网联 V2X 通信仿真方面的研究较多，开发了大量与 V2X 通信相关的仿真测试软件，如 TraNS、MoVES、Veins 等。

在众多的智能网联通信仿真软件中，Veins(Vehicles in Network Simulation)是应用较为广泛的一种。该软件涵盖了 DSRC、LTE-V 等主流的智能网联通信协议，能够仿真模拟大部分的 V2X 通信方式。如图 7-8 所示为基于 Veins 的智能网联仿真模块框架，Veins 仿真系统是结合道路微观交通模拟器 SUMO(Simulation of Urban Mobility)和离散事件网络模拟器 OMNeT++(Objective Modular Network Test Bed in C++)这两款软件进行通信仿真的。

综上所述，HIL 测试系统的实物平台和仿真运行界面如图 7-9 所示。

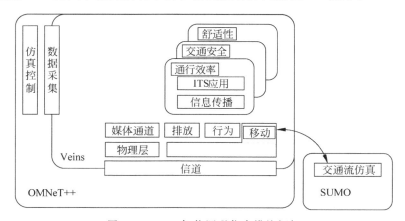

图 7-8 Veins 智能网联仿真模块框架

图 7-9　决策控制系统 HIL 仿真运行实物

7.1.2　仿真实验结果及分析

上文中,设计了自动驾驶决策、规划与控制算法,并用 SIL 仿真平台进行了验证。本节对上文研究的体现人类驾驶行为的自动驾驶系统和考虑环境车行为特征的自动驾驶系统进行进一步的 HIL 测试与分析。

1. 体现人类驾驶行为自动驾驶系统的仿真实验场景

仿真实验中的参数设置如表 7-2 所示。

表 7-2　参数设置

单 位	参 数	设 定 值
道路	道路结构	直道1500m,弯道1570m
	车道数量	3
	路面附着系数	0.8
	限速	110km/h
传感模块	单线激光雷达	1个
	摄像头传感器	1个
通信模块	真实通信设备数量	3个
	虚拟通信设备数量	若干
	通信协议	LTE-V
	通信时延	10ms
	通信时隙	30ms
	通信数据帧大小	315B
	通信距离	150m

续表

单 位	参 数	设 定 值
高速环境车辆	生成方式	—
	运行时长	一个循环
	车辆长度	5m
	车辆宽度	3m
	最大减速度	$0.5g$
	最大车速	18m/s
慢速环境车辆	生成方式	—
	运行时长	一个循环
	车辆长度	5m
	车辆宽度	3m
	最大减速度	$0.5g$
	最大车速	10m/s
决策控制系统	运算时长	5h
	运算周期	50ms
	外部数据交互接口	以太网/CAN
	内部数据交互接口	ROS系统

本车将在环形道路上进行保持车道行驶、减速跟车、向左变道等驾驶行为。行驶过程中可能会遇到的各个工况如图 7-10 所示。

2. 体现人类驾驶行为自动驾驶系统的仿真实验结果分析

在 HIL 仿真过程中,分别对本车在多个测试工况下的控制量和相应的车辆动力学状态进行记录和分析。监测本车实时状态的界面如图 7-11 所示。该界面显示的信息包括本车的速度、坐标、航向角等状态量以及方向盘转角、油门开度、制动缸压力等控制量,并能够绘制各种数据的变化曲线。

图 7-12 所示为通信仿真界面,通过该界面能够看到可通信车辆的位置以及通信网联的结构和状态。

1) 保持车道行驶仿真结果

测试场景中保持车道直行的仿真结果如图 7-13 所示,图 7-13(a)为速度曲线,图 7-13(b)为加速度曲线,该场景可以认为是车辆自由行驶的场景,A 规划控制器的自由行驶速度比 B 规划控制器低。A 规划控制器最终的车速大约为 88km/h,该车速在驾驶员 A 跟驰场景下 C1 阶段的车速范围内(86~92km/h)。B 规划控制器最终达到的车速约为 94km/h,该车速在驾驶员 B 跟驰场景下 C1 阶段的车速范围内(88~94km/h)。该驾驶场景下,A 规划控制器的加速度比 B 规划控制器低。A 规划控制器的加速度范围为 $0\sim0.03g$,该加速度在驾驶员 A 跟驰场景下 C1 阶段的加速度范围内($-0.02\sim0.04g$)。B 规划控制器的加速度范围为 $0\sim0.06g$,该加速度与驾驶员 B 跟驰场景下 C1 阶段的加速度范围($0\sim0.06g$)基本一致。

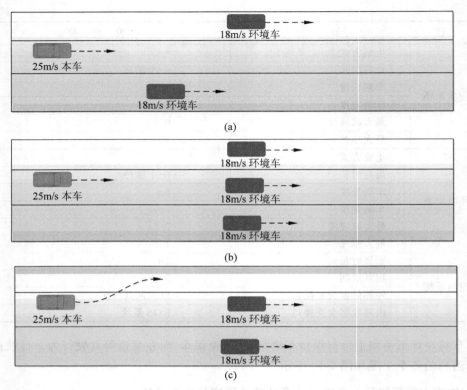

图 7-10 工况示意图
(a) 保持车道行驶；(b) 减速跟车；(c) 左侧变道

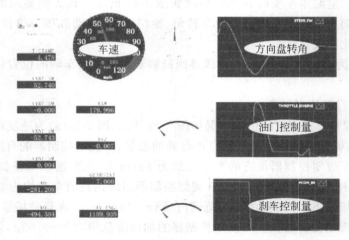

图 7-11 仿真运行中本车状态

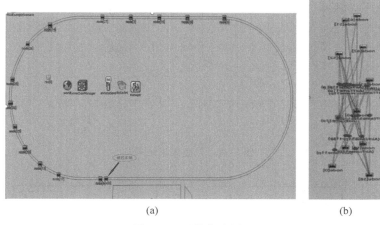

图 7-12 通信仿真界面
(a) 通信仿真软件界面;(b) 通信模拟过程

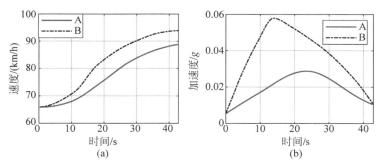

图 7-13 保持直行速度结果

2) 减速跟车仿真结果

减速跟车场景的仿真结果如图 7-14 所示。图 7-14(a)为速度结果,图 7-14(b)为加速度结果。可见在遇到前车速度慢、被迫减速时,由于前方障碍车的速度是一定的,因此 A 和 B 规划控制器的稳定车速相似,B 规划控制器的最低速度较低,且达到最低速度的时间较短。A 规划控制器的加速度比 B 规划控制器小,A 规划控制器的加速度范围在 $-0.02 \sim 0.01g$,与驾驶员 A 在跟驰场景下 C2 阶段的加速度范围接近($-0.02 \sim 0.02g$)。B 规划控制器的加速度范围在 $-0.03 \sim 0.02g$,与驾驶员 B 在跟驰场景下 C2 阶段的加速度范围接近($-0.04 \sim 0.02g$)。

3) 左侧变道

左侧单次变道场景的仿真结果如图 7-15 所示。图中展示了 A、B 规划控制器控制的两车在 HIL 平台上向左换道场景下的轨迹、航向角、横摆角速度、速度的仿真结果。

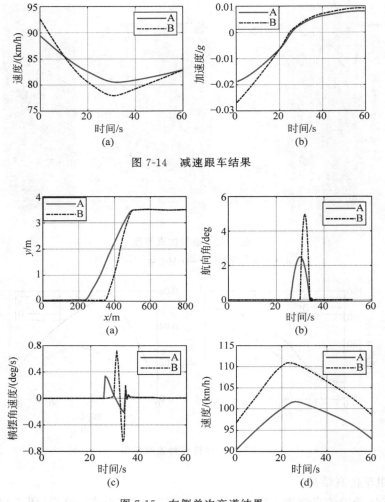

图 7-14 减速跟车结果

图 7-15 左侧单次变道结果

图 7-15(a)为轨迹结果,可见 A 规划控制器的变道距离较大,B 规划控制器能够在很短的距离内完成换道。

图 7-15(b)为航向角结果,由于 B 规划控制器的换道距离较小,因此 B 规划控制器能够达到的最大航向角比 A 规划控制器大。B 规划控制器的航向角的范围为 0~5,该范围与 B 驾驶员在整个换道过程中的航向角范围接近(−2~6)。A 规划控制器的航向角的范围为 0~2.5,该范围与附录图 B-3 中驾驶员 A 在整个换道过程中的航向角范围接近(−2~4)。

图 7-15(c)为横摆角速度结果,A 规划控制器的横摆角速度相对于 B 规划控制器更加温和。B 规划控制器的横摆角速度的范围为 −0.6~0.6,该范围与 B 驾驶员在整个换道过程中的横摆角速度范围接近(−0.8~0.8)。A 规划控制器的横摆角速度的范围为 −0.3~

0.3,该范围与 A 驾驶员在整个换道过程中的横摆角速度范围接近(-0.4~0.4)。

图 7-15(d)为速度结果,可见 A 规划控制器的速度超调量更小,而且稳定车速更低。B 规划控制器的速度的范围为 96~123,该范围与 B 驾驶员在整个换道过程中的速度范围接近(100~120)。A 驾驶员的速度的范围为 90~102,该范围与 A 驾驶员在整个换道过程中的速度范围接近(90~110)。

由以上五个场景下的 HIL 实验可知,本研究设计的规划控制器能够较好地完成跟驰换道的任务,保持车辆控制的安全稳定。此外,规划控制器 A 和 B 体现出各自的个性特点,A 规划控制器操作更加温和平稳,B 规划控制器操作更加快速激进。

本章还在 HIL 平台中对考虑环境车行为特征的决策与控制算法进行了验证,设计了环境车不可控、三车协同和五车协同等三种场景。

1) 考虑环境车行为特征自动驾驶系统的仿真实验设计

(1) 环境车不可控

环境车假定为真实人类驾驶员操纵的车辆,只有本车可以通过自动驾驶系统进行控制,测试场景如图 7-16 所示。在本车车道前面的环境车 1 的驾驶员个性特点与本车类似,都是较为激进的驾驶员,两车的驾驶行为相容性很好。本车接近环境车 1 时,环境车 1 会立即由车速 18m/s 加速至 25m/s。旁边车道的环境车 2 为偏保守的驾驶员操纵,与本车、环境车 1 的相容性很低。

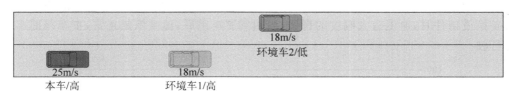

图 7-16 环境车不可控时仿真实验场景

(2) 环境车可控

三车协同场景的设计如图 7-17 所示,绿色车辆为控制特征比较温和的 A 规划控制器(绿1、绿2),红色车辆为控制特征比较激进的 B 规划控制器(红1),红 1 车换道超车绿 1 车,在接近绿 2 车时,绿 2 车换道让行,并且绿 1 车和绿 2 车跟驰行驶。

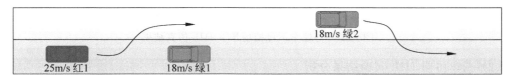

图 7-17 三车协同场景

五车协同场景的设计如图 7-18 所示,绿色车辆为控制特征比较温和的 A 规划控制器(绿1、绿2、绿3),红色车辆为特征比较激进的 B 规划控制器(红1、红2),红 1 车换道与红 2

车跟驰组队,在接近绿 2 车时,绿 2 车换道让行,并且绿 1、绿 2 和绿 3 车跟驰组队行驶,红 1、红 2 车的队列超越绿 1、绿 2、绿 3 车的队列。

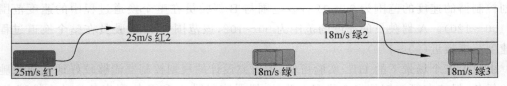

图 7-18 五车协同场景

2) 考虑环境车行为特征自动驾驶系统的仿真结果分析

在 HIL 平台对以上三种场景进行仿真验证。

(1) 环境车不可控场景下的 HIL 实验结果分析

图 7-19 为环境车不可控场景下 HIL 实验本车速度和轨迹的结果,蓝色实线为考虑环境车行为特征的控制器的本车的结果,黑色虚线为不考虑的结果。由本车的轨迹曲线可知,考虑环境车行为特征时,由于位于本车车道前方的环境车 1 与本车的驾驶行为相容性较高,因此本车并未试图换道超车,而是直接与环境车 1 跟驰运行。

未考虑环境车行为特征时,决策控制器基于静态的本车与环境车状态进行决策,执行换道操作,但是当换道进行到一半时,环境车 1 与环境车 2 距离过于接近,不具备换道的条件,因此本车回到原车道,与环境车 1 跟驰行驶。图 7-19(a)为本车的速度结果,可见,当本车发现不具备换道条件时,速度有大幅度的振荡,当回到原车道后,速度恢复正常,本车与前车开始跟驰行驶。

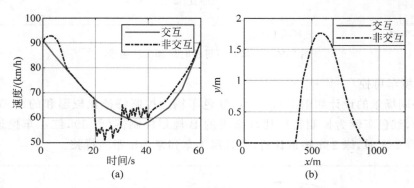

图 7-19 环境车不可控场景下 HIL 仿真结果

(2) 三车协同 HIL 实验结果分析

图 7-20 为三车协调控制的 HIL 仿真结果,其中 A 曲线为红 1 车,B 曲线为绿 1 车,C 曲线为绿 2 车。图 7-20(a)为三车的轨迹结果,可见红 1 车向左换道超车,绿 2 车向右换道让行;图 7-20(b)为三车的航向角曲线,可见红 1 车的换道过程持续较短,而绿 2 车的换道过程持续较长;图 7-20(c)为三车的横摆角速度曲线,红 1 车的横摆角速度变化幅度较大,持

续时间较短,绿 2 车的横摆角速度变化幅度较小,持续时间较长,可见红 1 车偏激进而绿 2 车偏保守;图 7-20(d)为三车的速度曲线,可见红 1 车加速超车,且其稳定速度较绿 1 车、绿 2 车更高,在绿 2 车完成换道后位于其后的绿 1 车加速跟驰绿 2 车,两车保持跟驰行驶状态。三辆车的协同行为与上文中自然驾驶实验的真实驾驶员的协同策略吻合。

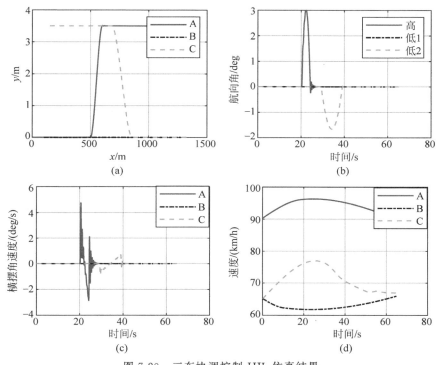

图 7-20 三车协调控制 HIL 仿真结果

(3) 五车协同 HIL 实验结果分析

图 7-21 为五车协同控制的 HIL 仿真结果,其中 A 曲线为红 1 车,B 曲线为红 2 车,C 曲线为绿 1 车,D 曲线为绿 2 车,E 曲线为绿 3 车。图 7-21(a)为五车的轨迹结果,可见红 1 车向左换道并和红 2 车跟驰行驶,绿 2 车向右换道让行,并且绿 1、绿 2、绿 3 车跟驰行驶;图 7-21(b)为五车的航向角曲线,红 1 车和绿 2 车向右换道操作,红 1 车的换道过程持续较短,而绿 2 车的换道过程持续较长;图 7-21(c)为五车的横摆角速度曲线,红 1 车的横摆角速度变化幅度较大,持续时间较短,绿 2 车的横摆角速度变化幅度较小,持续时间较长,可见红 1 车偏激进而绿 2 车偏保守;图 7-21(d)为五车的速度曲线,可见红 1 车和红 2 车的稳定速度较绿 1、绿 2 和绿 3 车大,红 1 车完成加速换道之后和红 2 车开始跟驰行驶,而绿 2 车完成换道后开始加速跟驰绿 3 车,且位于其后的绿 1 车加速跟驰绿 2 车,三车保持跟驰行驶状态。同样,它们的协同行为与上文中自然驾驶实验的真实驾驶员的协同策略吻合。

彩图 7-21

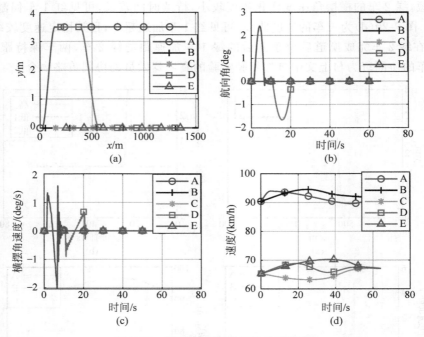

图 7-21 五车协调控制 HIL 仿真结果

综上所述,通过 HIL 实验,所设计的基于分布式 MPC 方法、考虑环境车行为特征的决策控制算法能够对单车和多车进行稳定的控制,一方面该算法考虑了本车与环境车的相互影响,避免了由于未考虑环境车行为特征而造成的决策误判,提高了自动驾驶的安全性。另一方面,多车协同控制时,考虑了车-车的驾驶行为相容程度,决策控制的结果与自然驾驶实验中车-车协同的决策规律一致,使自动驾驶车辆更符合人类驾驶员的驾驶习惯,能够提升驾驶员对自动驾驶的接受度。

7.2 实车测试

7.2.1 实车测试平台

决策、规划与控制算法在经过充分的 HIL 仿真测试后,就可以在自动驾驶实车平台上进行调试和实验。本研究的自动驾驶算法实车实验基于"途联"号无人驾驶平台开展。"途联"号无人驾驶平台是一辆由奇瑞瑞虎 7 改装的自动驾驶车辆,具有完全的自主无人驾驶功能(L4 级)。自动驾驶平台如图 7-22 所示,车辆的参数为:长 4.2m,宽 1.9m,前后轴距约为 2.6m,最小转弯半径约 6.0m,前轮最大转向角约 30°,后轴到车尾距离约 0.8m。

第 7 章 个性化自动驾驶实验测试平台

图 7-22 "途联"号自动驾驶平台

彩图 7-22

图 7-23 所示为实车自动驾驶系统的架构,该系统以车辆的线控底盘为基础,传感器感知包括激光雷达、毫米波雷达、超声波雷达、相机等。感知、决策、规划与控制算法搭载在域控制器上,感知算法利用车载传感器数据进行环境识别与道路建模,然后用决策、规划与控制算法实现自动驾驶车辆高等级的无人驾驶。本研究不研究智能网联 V2X 的通信问题,因此自动驾驶系统没有智能网联通信模块。该自动驾驶系统的运行流程与上文中 HIL 测试平台的流程基本一致,HIL 系统测试通过的自动驾驶算法,只需经过一些调试就可以移植到该实车自动驾驶实验系统上。

1. 定位设备

该实车自动驾驶系统使用了基于 CORS(Continuously Operating Reference Stations)技术的 GPS 和 IMU 结合定位系统。GPS 定位技术在无卫星或卫星信号较差情况下通常定位困难,因此,本实车自动驾驶系统采用了 GPS+IMU 联合定位方式。另外,在车后轮左侧加装了编码器,来获取准确的车轮转速,优化惯导的标定、校准。

2. 底层硬件

本研究的实车自动驾驶系统搭载在普通车辆上,使其具有自动驾驶的能力,对普通车辆的方向盘、刹车、油门进行改装,使它们具备自主控制的能力。基于 CAN 总线通信改造车辆底层硬件控制系统,车辆底层控制器和上位机之间通过 PCAN 进行信息的通信。

3. 传感器设备

如图 7-22 所示,自动驾驶车辆顶部搭载一个 Velodyne 32 线激光雷达,用来检测周围障碍物和提取路面信息。在距离激光雷达较远地方的测量点较为稀疏,根据这些稀疏的点做障碍物的识别很困难。为了解决该问题,在自动驾驶车辆的车头前方加装了毫米波雷达,用来补充较远距离障碍物的检测。

此外,自动驾驶车辆车顶还搭载了 3 个相机,用来识别标志标线、信号灯、障碍物等。车道线检测算法可以拟合出弯道的车道线,检测出的车道线作为决策、规划和控制算法的道路

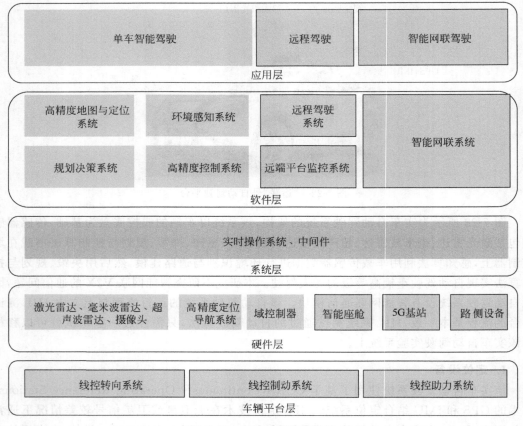

图 7-23 自动驾驶系统架构

约束条件。

4. 软件平台

与上文中 HIL 仿真测试系统类似,该实车自动驾驶系统的决策、规划和控制器主要在 Ubuntu 系统上使用 C++ 语言开发,基于 ROS 架构搭建。利用 ROS 自带的消息机制和显示功能,可以较为便利地完成实车自动驾驶算法的实验测试。

5. 地图部分

地图部分为实车自动驾驶系统提供全局规划所需要的信息,规划的全局路径发送给局部路径规划部分进行实时轨迹规划。在确定了自动驾驶的终点之后,该部分会提供实时的路网信息,系统基于该信息进行全局路径规划,生成自动驾驶车辆经过道路的顺序,基于地图的交通环境信息确定自动驾驶车辆行驶的车道、路口、转向的车道等。

6. 规划控制部分

规划控制部分根据地图生成的全局规划路径，基于本车的状态生成局部规划轨迹，对生成的局部目标轨迹进行跟踪处理，输出车辆底盘执行机构的控制量，也就是方向盘的转角、油门、刹车等信号。如图 7-24 所示，利用上位机下发 CAN 控制信号，对车辆进行控制。

图 7-24 自动驾驶系统上位控制器

7.2.2 实车实验结果及分析

上文通过 HIL 实验验证了体现人类驾驶行为的自动驾驶决策、规划和控制器能够较好地完成车辆的控制操作，并且能够体现出相应的驾驶员个性化特征。为了进一步验证决策、规划和控制算法，本研究在实车平台上进行了实验。

1. 实车实验场景

实车实验测试两个驾驶场景下的减速跟驰、左侧换道超车，如图 7-25 所示。

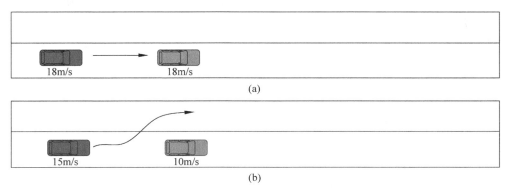

图 7-25 实车实验场景
(a) 减速跟驰；(b) 左侧换道超车

2. 实验结果分析

1) 减速跟驰

减速跟驰的实车实验结果如图 7-26 所示，图 7-26(a) 为速度曲线，图 7-26(b) 为加速度曲线。

可见，在遇到前车速度慢被迫减速时，由于前方障碍车的速度是一定的，因此 A 规划控制器和 B 规划控制器的稳定车速相似，B 规划控制器的最低速度较低，且达到最低速度的时间较短。

A 规划控制器的加减速强度比 B 规划控制器小，A 规划控制器的加速度范围在 −0.02 ~

0.01，与驾驶员 A 在跟驰场景下 C2 阶段的加速度范围接近(−0.02～0.02)。B 的加速度范围在−0.03～0.02，与驾驶员 B 在跟驰场景下 C2 阶段的加速度范围接近(−0.04～0.02)。

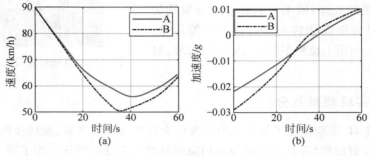

图 7-26　减速跟驰实车实验结果

2) 左侧换道超车

左侧换道超车的实车实验结果如图 7-27 所示，图 7-27(a)的速度曲线与图 7-26(a)相似，A 规划控制器的车速控制更为平稳，B 规定控制器的车速控制有较大的超调量，且其稳定车速较大；图 7-27(b)的加速度曲线中，B 规划控制器有较大的加速度值；图 7-27(c)的航向角曲线中，B 规划控制器向左换道时间持续较短，有较大的航向角；图 7-27(d)的方向盘转角曲线中，B 规划控制器有较大的方向盘转角。具体分析如下：

图 7-27(a)为速度结果，可见 A 规划控制器的速度超调量更小，而且稳定车速更低。B 规划控制器的稳定速度为 104km/h 左右，该速度与驾驶员 B 在整个换道过程中的速度范围一致(100～120)。A 规划控制器的稳定速度为 93km/h，该速度与驾驶员 A 在整个换道过程中的速度范围一致(90～110)。

图 7-27(b)为加速度结果，A 规划控制器的加速度比 B 规划控制器小，A 规划控制器的加速度范围在−0.01～0.02，B 规划控制器的加速度范围在−0.01～0.03。

图 7-27(c)为航向角结果，由于 B 规划控制器的换道距离较小，因此 B 规划控制器能够达到的最大航向角比 A 规划控制器大。B 规划控制器的航向角的范围为 0～5，该范围与驾驶员 B 在整个换道过程中的航向角范围接近(−2～6)。A 规划控制器的航向角的范围为 0～2.5，该范围与驾驶员 A 在整个换道过程中的航向角范围接近(−2～4)。

图 7-27(d)为横摆角速度结果，A 规划控制器的横摆角速度相对于 B 规划控制器更加温和。B 规划控制器的横摆角速度的范围为−0.6～0.6，该范围与驾驶员 B 在整个换道过程中的横摆角速度范围接近(−0.8～0.8)。A 规划控制器的横摆角速度的范围为−0.3～0.3，该范围与驾驶员 A 在整个换道过程中的横摆角速度范围接近(−0.4～0.4)。

综上所述，本研究设计的决策、规划与控制算法能够控制实车较为平稳地完成跟驰、换道等运动。将实车实验结果与第 2 章的自然驾驶实验的数据分析结果进行对比分析：① 跟驰工况下，B 规划控制器的自动驾驶速度变化比 A 规划控制器大，与第 2 章的相关结论对

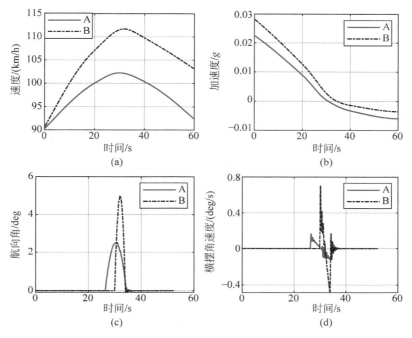

图 7-27 左侧换道超车实车实验结果

比发现自动驾驶 A 和 B 的加速度范围与对应的自然驾驶加速度特征接近；②换道工况下，B 规划控制器自动驾驶的速度、加速度、航向角和横摆角速度均比 A 规划控制器变化剧烈，与第 2 章的相关结论对比发现自动驾驶 A 和 B 的速度、航向角和横摆角速度范围与对应的自然驾驶特征规律接近。因此本研究设计的决策、规划与控制方法能够在实车控制中体现出一定的驾驶个性。

7.3 本章小结

本章在 HIL 平台和自动驾驶实车平台上对体现人类驾驶行为的自动驾驶决策、规划与控制算法进行了验证，实验结果表明，本研究设计的个性化决策、规划与控制算法能够控制车辆较为平稳地完成跟驰、换道等操作，并与第 2 章的相关结论对比发现该算法能够体现出一定的驾驶个性化特征。此外，还对考虑环境车行为特征的自动驾驶算法进行了 HIL 测试验证，设计了环境车不可控、三车协同和五车协同的测试场景，在 HIL 平台上验证了考虑环境车行为特征的决策控制算法的有效性，结果显示，该算法能够防止出现不考虑环境车行为特征时造成的自动驾驶算法的误判，并且能够控制一定范围内的车辆协同稳定的行驶，控制的结果能够符合对应驾驶员个性化的特征。

第8章 个性化自动驾驶车辆综合能力的定量评价

8.1 自动驾驶智能水平等级划分

自动驾驶车辆的智能水平高低取决于车辆本身在整个测试过程中参与完成任务的复杂度(Mission Complexity,MC)、测试场景下所处的环境复杂度(Enviromental Complexity,EC),以及全程人工干预程度(Human Intervention,HI),建立基于MC、EC、HI三种评价指标的自动驾驶车辆三维立体评价模型如图8-1所示。根据指标在每个坐标轴上的位置,各个指标位置越远离坐标圆心说明其等级越高[56]。图8-1表明,自动驾驶车辆A在整个测试行驶过程中HI较高,表示自动驾驶车辆A比较依赖驾驶员,自主决策能力较差;其MC较低,表明该自动驾驶车辆A对比较复杂的任务无法有效完成;其EC也较低,表明自动驾驶车辆A只能在比较简单的环境下行驶,无法适应复杂的交通环境。综合表明,自动驾驶车辆A的整体智能水平较低,不如自动驾驶车辆B。

1. 自动驾驶车辆任务复杂度分析

自动驾驶车辆根据任务实现难易程度的不同进行任务复杂度等级划分,行驶过程中不同测试任务的复杂程度是反映自动驾驶车辆智能水平的一个重要评判手段。

2. 自动驾驶车辆环境复杂度划分

决定交通环境复杂程度的主要因素为车辆行驶过程中周围交通环境交通参与元素的数量多少,同时交通环境复杂程度还与关键环境元素和干扰环境元素具有紧密相关的联系。关键环境元素主要为信号灯、行人、其他行驶车辆、交通标志等,关键环境元素的量级和组合搭配决定了环境复杂程度的大小。

3. 自动驾驶车辆人工干预程度划分

当自动驾驶车辆遇到过于复杂的交通场景时,车辆因自身传感器性能受限造成感知失效或者因环境复杂无法做出正确决策,这时需要驾驶员快速及时接管该自动驾驶车辆,防止

第 8 章 个性化自动驾驶车辆综合能力的定量评价

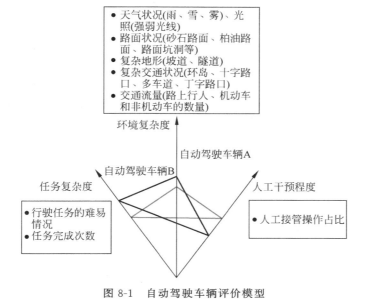

图 8-1 自动驾驶车辆评价模型

事故发生。在自动驾驶车辆行驶过程中完成任务的复杂度越高,人工干预程度越低,该自动驾驶车辆的综合智能程度就越高。

8.2 自动驾驶车辆评价指标体系

8.2.1 评价指标体系建立

评价体系的搭建要遵循以下几个原则。

系统性原则:评价自动驾驶车辆智能水平的各方面、各层级指标之间要有某些特定关系,各个指标不仅要从不同的方面表现出自动驾驶车辆的智能水平,还要充分反映各层级指标的相互关联。搭建的评价指标体系整体较为立体、丰富,由浅及深,层层深入,搭建成一个完整、主次分明的整体[57]。

典型性原则:确保评价体系中的每一个评价指标都具有典型性的性质,尽可能精确地表现自动驾驶车辆主要方面的智能水平。即使减少评价指标的数量,也可以可靠地体现该自动驾驶车辆的整体综合智能程度。

简明科学性准则:设计过程及其评价指标结果应具有科学性准则。由上到下,由宏观到微观选取的评价指标必须科学、正当。各评价指标不能过于复杂,又不能过于简洁,不能让缺失重要信息的情况发生。通过简明科学性准则获取的各个自动驾驶车辆评价指标能够客观真实地反映该自动驾驶车辆的智能水平。

可比、可操作、可量化原则:在选择自动驾驶车辆智能水平综合评价体系中各个评价指标时应具有平等、可比的原则,不能选取一些过于主观的指标,通过比较自动驾驶车辆各层评价指标来确定各个评价指标的优劣性,根据各自的优劣性确定其权重。与此同时,各级评价指标应既繁复又简略,要兼顾自动驾驶车辆相关数据的获取和对各个指标进行量化的难易性,以便于后期进行数学计算并对结果进行定量分析。

建立科学合理的评价指标体系对搭建综合有效的评价模型至关重要[58]。图 8-2 为构建自动驾驶车辆智能水平评价指标体系的整体流程,按照所示流程逐步实现最终的评价指标体系。

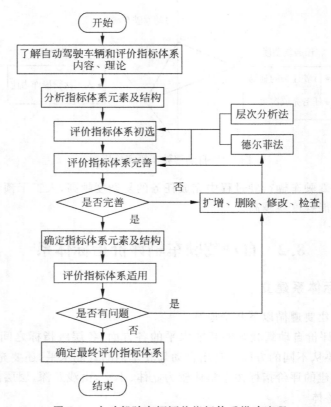

图 8-2 自动驾驶车辆评价指标体系搭建流程

8.2.2 评价指标的选取

评价指标初选的方法为:

(1) 综合法。综合法的具体内容为将各个评价指标通过一定的标准分类,最终实现细化统一。各行各业通过探讨把有差异性的想法结合起来,形成一套严谨的评价系统。

(2) 分析法。把评价对象分类为具有差异性的元素,同时不断地逐层细化直到颗粒度足够小得让单一的评价指标进行评价。

(3) 交叉法。将多维的评价体系进行彼此间的交融就会创造出多种多样的评价指标，根据新生成的评价指标可以重新构建新的综合评价体系。

(4) 指标属性分组法。每个评价指标都有各自不一样的表现特征属性，同一评价体系中各个评价指标可以有不同的本质特征。可以根据各级评价指标的特征属性从不同的角度出发构造自动驾驶车辆评价体系，对评价指标体系进行补充修正，就能使评价指标体系更加科学、准确、严谨。

但是初步选取的自动驾驶车辆的评价指标体系得到的结果是自动驾驶评价指标全集，并不是最终版本的评价指标集合。因此，要对一开始选择的评价指标改进，并根据某一条件进行过滤，重新构造成准确、严谨的指标体系。对自动驾驶车辆比较复杂的定量评价系统而言，层次分析法和德尔菲法是解决这种复杂问题的最优搭配组合选项[59]。

(1) 层次分析法：该方法能对评价体系中各评价指标进行定性和定量的分析，该分析方法具有明显的层次特性，使得对评价目标的分析更加全面立体。层次分析法可以对较为复杂烦琐的问题施加深化性质的评价，通过比较少量的已知信息情况对多维度复杂的问题进行量化分析得出准确简明的评价。该方法比较适合自动驾驶车辆评价指标的筛选。

(2) 德尔菲法：该评价方法本质上是匿名询问法，具体内容包括，对要探讨的问题询问相关行业业内专家的见解与提议，根据业内专家的提议进行归纳总结，将总结完的思路再由业内专家进行确认，并重新询问其看法，如此循环迭代直至最终得到的结果符合稳定性要求。通过邀请自动驾驶车辆相关方向的专家组成专家小组，进行以上流程，最终得出最后的评价指标体系。

通过整合层次分析法和德尔菲法确定最终的评价指标体系[60]，本研究将该体系方法整体上规划为四层结构，将其分别命名为目标层、准则层、要素层、指标层，如图8-3所示。根

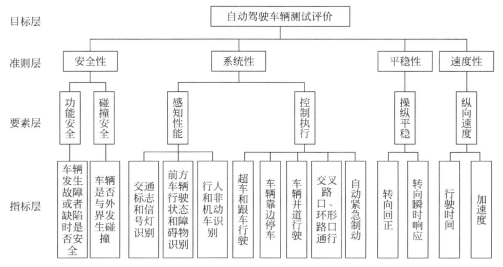

图8-3 自动驾驶车辆评价指标体系

据测试评价14项测试场景搭建自动驾驶汽车自动驾驶功能检测项目来构建自动驾驶车辆智能水平综合评价指标体系。通过对综合评价体系中各级评价指标的量化来表明自动驾驶车辆的各个方面水平的高低[61]。

8.3 自动驾驶车辆评价指标权重的确定

要完成对自动驾驶车辆的智能水平进行完整的综合评价工作,还需要确认自动驾驶车辆评价体系各级中每一个相关评价指标的最终权重,本研究利用熵值法(Entropy)和序关系分析法(G1)相结合的方法来确认自动驾驶车辆综合智能评价各级评价指标的权重[62]。

8.3.1 熵值法

熵值法(Entropy)是客观赋权法中具有代表性的一种[63]。综合评价体系中的某个评价指标的信息熵数值越小,则表示该评价指标值越容易发生突变,就会变异产生出越大量的信息,那么该评价指标就会有越大的客观权重占比。反之,则相反。

熵值法计算步骤如下所示。

(1) 数据标准化。

第一步是标准化自动驾驶车辆智能水平评价体系中每一层级的所有评价指标。假定给定了 k 个自动驾驶车辆综合智能评价指标 $X_1, X_2, \cdots, X_k$,其中,$X_i = \{x_1, x_2, \cdots, x_n\}$。将其进行标准化后为 $r_1, r_2, \cdots, r_k$,则

$$r_{ij} = \frac{X_{ij} - \min(X_i)}{\max(X_i) - \min(X_i)} \tag{8-1}$$

(2) 求各评价指标的信息熵。

根据熵值法的定义,自动驾驶车辆 j 的第 i 个评价指标的熵值计算公式为

$$H_i = q \sum_{j=1}^{n} p_{ij} \ln p_{ij} \quad (i = 1, 2, \cdots, m; \ 0 \leqslant H_i \leqslant 1) \tag{8-2}$$

式中,$p_{ij} = \dfrac{r_{ij}}{\sum\limits_{j=1}^{n} r_{ij}}$,$q = -\dfrac{1}{\ln n}$,其中,$p_{ij}$ 表示自动驾驶车辆智能水平综合定量评价体系中某个指标 i 在 j 等级下的概率值,如果 $p_{ij} = 0$,则定义 $\lim\limits_{p_{ij} \to 0} p_{ij} \ln p_{ij} = 0$。

(3) 根据信息熵的计算公式计算出自动驾驶车辆智能水平综合评价体系中各个评价指标的熵值 $H_1, H_2, \cdots, H_3$。根据信息熵的计算公式计算自动驾驶车辆智能水平综合评价体系中各个评价指标的熵值法权重:

$$\omega_i = \frac{1 - H_i}{m - \sum\limits_{i=1}^{m} H_i} \tag{8-3}$$

由熵值法的定义可知：$0 \leqslant \omega \leqslant 1, \sum_{i=1}^{m} \omega_i = 1$，如果各评价目标在评价指标 i 上的数值都一样，此时熵值为 1，权重为 0，则表明该评价指标无效，可以删除该评价指标。经过计算得出最终的自动驾驶车辆智能水平综合评价体系中各评价指标权重集合为 $\omega = (\omega_1, \omega_2, \cdots, \omega_m)$。

8.3.2 序关系分析法

序关系分析法是一种主观权重确认方法，王学军等最先提出使用序关系分析法确定权重，序关系分析法是对层次分析法改进后得到的方法[64]，通过序关系分析法可以方便准确地确定自动驾驶车辆评价体系中各层级中每一个评价指标的主观权重，同时极大地减少了计算量，为获得自动驾驶车辆综合定量评价结果提供了可靠的保障[65]。

（1）确定指标的序关系。

自动驾驶相关领域的多名专家组成的专业团队对各项评价指标 $x_1, x_2, \cdots, x_n$，依照每个指标的重要程度从高到低进行排序 $x_1^* > x_2^* > x_3^* > \cdots > x_n^*$，其中 $x_i^* > x_j^*$ 表明指标 j 就重要性而言不低于指标 i。

在序关系分析法中，对于已经按照专家经验排列好的评价指标，其前后相邻位置上的两个评价指标 x_{i-1}^* 和 x_i^* 之间的相对重要性及相对关系可以表示为

$$r_i = \frac{\omega_{i-1}}{\omega_i} \quad (i = 2, 3, \cdots, n) \tag{8-4}$$

式中，ω_i、ω_{i-1} 分别为指标第 i 项和第 $i-1$ 项的权重。r_i 的取值范围为 1.0,1.1,1.2,1.3,1.4,1.5,1.6,1.7,1.8，r_i 的赋值依据如表 8-1 所示。

表 8-1 相邻指标相对重要程度 r_k 赋值

r_k	说明
1.0	指标 x_{k-1} 与指标 x_k 具有相同的重要性
1.1	介于相同的重要性与稍微重要之间
1.2	指标 x_{k-1} 相比指标 x_k 稍微重要
1.3	介于稍微重要和比较重要之间
1.4	指标 x_{k-1} 相比指标 x_k 比较重要
1.5	介于比较重要和非常重要之间
1.6	指标 x_{k-1} 相比指标 x_k 非常重要
1.7	介于非常重要和极端重要之间
1.8	指标 x_{k-1} 相比指标 x_k 极端重要

（2）计算各指标的权重。根据式（8-4）得

$$\prod_{i=k}^{n} r_i = \frac{\omega_{k-1}}{\omega_k} \frac{\omega_k}{\omega_{k+1}} \cdots \frac{\omega_{n-2}}{\omega_{n-1}} \frac{\omega_{n-1}}{\omega_n} = \frac{\omega_{k-1}}{\omega_n} \quad (k \geqslant 2) \tag{8-5}$$

求和得

$$\sum_{k=2}^{n}\left(\prod_{i=k}^{n}r_i\right)=\sum_{k=2}^{n}\frac{\omega_{k-1}}{\omega_n} \tag{8-6}$$

由权重之和为 1,即 $\sum_{k=1}^{n}\omega_k=1$,与上式结合得到

$$1+\sum_{k=2}^{n}\left(\prod_{i=k}^{n}r_i\right)=1+\sum_{k=2}^{n}\frac{\omega_{k-1}}{\omega_n}=\frac{\omega_n}{\omega_n}+\sum_{k=2}^{n}\frac{\omega_{k-1}}{\omega_n}=\frac{1}{\omega_n}\sum_{k=1}^{n}\omega_k=\frac{1}{\omega_n} \tag{8-7}$$

由上式可以得出,只要获得权重 ω_n 就能通过运算得出其他所有指标的权重,将上式变形后,ω_n 还可以表示为

$$\omega_n=\left[1+\sum_{k=2}^{n}\left(\prod_{i=k}^{n}r_i\right)\right]^{-1} \tag{8-8}$$

其余的自动驾驶车辆智能水平综合评价指标的熵值法权重可以通过下式求得

$$\omega_{k-1}=r_k\omega_k \tag{8-9}$$

8.3.3 综合权重

主观赋权法的序关系分析法是根据专家经验通过评价对象本身的特性实际含义来对权重进行取值,这种权重确认的方法过于主观,过于基于主观经验;而客观赋权的熵值法在无评价者主观经验的加持下忽略了评价对象本身的实际特性,有较严谨的数学理论依据,在某一方面可以更加准确地定义权重取值,但会存在通过客观权重确认的权重结果与评价对象本身的实际特性重要性完全不一致甚至相反的结果[66]。

主客观权重确认的方法都各有利弊,为了将两种权重确认的方法统筹兼顾,更好地同时发挥两种权重确认方法的优点,克服两种方法的现实缺点,使最终确认的权重的客观性与主观性有机统一,权重结果更加科学、准确,取综合权重为

$$\xi_t=\frac{w_iw_k}{\sum_{t=1}^{n}w_iw_k} \tag{8-10}$$

得到最后的各个指标的综合权重为 $\boldsymbol{\xi}=(\xi_1,\xi_2,\cdots,\xi_n)^{\mathrm{T}}$。

8.4 自动驾驶车辆智能水平的综合定量评价

8.4.1 模糊综合评价法

该评价方法的工作原理是基于模糊数学来进一步实现,该综合评价方法可以把比较复杂的、模糊的属性进行量化分析,实现起来更加简捷、有效,结果更加科学准确。模糊综合评价法较为优越地处理了某些因素不易进行定量评价的痛点,非常适用于处理各种模糊性的

因素[67]。

模糊综合评价法中经由自动驾驶车辆智能水平评价体系各级指标层与自动驾驶车辆评价集之间的隶属度矩阵[68]操作之后,通过计算得到的隶向量叫作隶属度向量,该隶属度向量可以直观地反映自动驾驶车辆智能水平评价体系各级指标层与自动驾驶车辆评价集之间的关系,最终得出自动驾驶车辆智能水平评价体系中目标层的评价结果[69]。

8.4.2 测试条件评价模型建立

上述模糊综合评价法的自动驾驶车辆智能水平测试条件评价模型构建如下。

(1) 确定评价对象的因素集。

在各级评价指标体系建立完成之后,整体框架已经完备,现需要对评价指标体系中的每个单因素 $u_i(i=1,2,3,\cdots,m,m$ 为因素数)进行相应的单因素评价,因素集为 $U=\{u_1,u_2,\cdots,u_m\}$,$u_i(i=1,2,3,\cdots,m,m$ 为因素数)为自动驾驶车辆评价体系中各个层级上的每一个评价因素,m 为评价体系中同一层级上的所有因素总数[70]。

(2) 确定自动驾驶车辆的评价集。

$$V=\{v_1,v_2,\cdots,v_n\} \tag{8-11}$$

式中,$v_j(j=1,2,\cdots,n)$ 是被测自动驾驶车辆智能水平综合定量评价体系相关评价指标的评价集合,n 为等级大小。

(3) 确定自动驾驶车辆的评价矩阵。

自动驾驶智能水平综合评价体系中每一层中的单个评价因素 $u_i(i=1,2,3,\cdots,m,m$ 为因素数)对应 $V=\{v_1,v_2,\cdots,v_n\}$ 集合的模糊集 $\{r_{i1},r_{i2},\cdots,r_{im}\}$,然后通过使用数量为 m 的单个评价因素的单独评价结果来构造一个矩阵,搭建形成的矩阵叫作评价矩阵 $\boldsymbol{R}$。由式(8-12)可以看出,横向来看,该评价矩阵的各行都是对自动驾驶车辆智能水平评价体系中每个评价因素的计算评价[71]。

$$\boldsymbol{R}=(r_{ij})_{m\times n}=\begin{bmatrix} r_{11} & r_{12} & \cdots & r_{1n} \\ r_{21} & r_{22} & \cdots & r_{2n} \\ \vdots & \vdots & & \vdots \\ r_{m1} & r_{m2} & \cdots & r_{mn} \end{bmatrix} \tag{8-12}$$

(4) 综合评价体系中各个评价指标综合权重及每一个单因素评价模型的确认,将该通过综合权重法确认的权重集合与上文确定的评价矩阵 $\boldsymbol{R}$ 融合在一起,经过该操作之后取得评价体系中各个评价因素的模糊综合评价模型,如式(8-13)所示。

$$\boldsymbol{C}=\boldsymbol{A}\cdot\boldsymbol{R}=(a_1,a_2,\cdots,a_m)\begin{bmatrix} r_{11} & r_{12} & \cdots & r_{1n} \\ r_{21} & r_{22} & \cdots & r_{2n} \\ \vdots & \vdots & & \vdots \\ r_{m1} & r_{m2} & \cdots & r_{mn} \end{bmatrix}=(c_1,c_2,\cdots,c_n) \tag{8-13}$$

当评价模型的层级比较多时,应该使用多级模糊综合评价模型对该模型进行分析。通过多级模糊评价模型可以层层渐近地计算得到该级上一级评价要素组成的评价矩阵的结果,逐步迭代、逐级计算最终得到自动驾驶车辆测试的整体评价模型 $C^{[72]}$。

$$c_j = \sum_{i=1}^{m} a_i \cdot r_{ij} = 1 \quad (j=1,2,\cdots,n) \tag{8-14}$$

(5)通过上文中的方法步骤逐步计算得出自动驾驶车辆测试条件最终的评价得分。通过上文中的隶属度等级来选取相应的评价分数集合。再将最终的自动驾驶车辆测试条件分数结果转换为在百分制情况下的得分情况 G:

$$G = 100\boldsymbol{C\mu} = (c_1 \quad c_2 \quad \cdots \quad c_n) \cdot \boldsymbol{\mu}^{\mathrm{T}} \times 100 \tag{8-15}$$

8.5 本章小结

本章通过层次分析法和德尔菲法确定搭建了自动驾驶车辆的评价指标体系,并将其分为多个层级。通过综合考虑主、客观权重的方法融合得到的综合权重确认方法来确认自动驾驶车辆智能水平定量综合评价体系每个层级中所有评价指标的权重。最终通过模糊综合评价法对自动驾驶车辆进行综合定量评价,并计算得出最终该自动驾驶车辆综合智能水平分数结果。

参 考 文 献

[1] TAUBAMN-BEN-ARI O, MIKULINCER M, GILLATH O. The multidimensional driving style inventory—scale construct and validation[J]. Accident Analysis & Prevention, 2004, 36(3): 323-332.

[2] WESTERMAN S J, HAIGNEY D. Individual differences in driver stress, error and violation[J]. Personality and Individual Differences, 2000, 29(5): 981-998.

[3] CONSTANTINESCU Z, MARINOIU C, VLADOIU M. Driving style analysis using data mining techniques[J]. International Journal of Computers, Communications & Control, 2010, 5(5): 654-663.

[4] MURPHEY Y L, MILTON R, KILIARIS L. Driver's style classification using jerk analysis[C]// IEEE Computational Intelligence in Vehicles and Vehicular Systems, 2009: 23-28.

[5] VAN MIERLO J, MAGGETTO G, VAN DE BURGWAL E. Driving style and traffic measures-influence on vehicle emissions and fuel consumption[J]. Proceedings of the Institution of Mechanical Engineers, Part D: Journal of Automobile Engineering, 2004, 218(1): 43-50.

[6] 罗强. 面向高速公路行车安全预警的车道偏离及换道模型研究[D]. 广州：华南理工大学, 2014.

[7] 王畅, 付锐, 彭金栓, 等. 应用于换道预警的驾驶风格分类方法[J]. 交通运输系统工程与信息, 2014(3): 187-193, 200.

[8] BELLEM H, THIEL B, SCHRAUF M. Comfort in automated driving: An analysis of preferences for different automated driving styles and their dependence on personality traits[J]. Transportation Research, Part F: Traffic Psychology and Behaviour, 2018, 55: 90-100.

[9] QI G, WU J, ZHOU Y. Recognizing driving styles based on topic models[J]. Transportation Research, Part D: Transport and Environment, 2019, 66: 13-22.

[10] MCRUER D T, JEX H R. A review of quasi-linear pilot models[J]. IEEE Transactions on Human Factors in Electronics, 1967, 8(3): 231-249.

[11] MCRUER D T, KRENDEL E S. The human operator as a servo system element[J]. Journal of the Franklin Institute, 1959, 267(5): 381-403.

[12] KONDO M, AJIMINE A. Driver's sight point and dynamics of the driver-vehicle-system related to it[R]. SAE, 1968, No. 680104.

[13] HESS R A, MODJTAHEDZADEH A. A control theoretic model of driver steering behavior[J]. IEEE Control Systems Magazine, 1990, 10(5): 3-8.

[14] Ornstein G N. The automatic analog determination of human transfer function coefficients[J]. Medical Electronics and Biological Engineering, 1963, 1(3): 377-387.

[15] GUO K H. A Study of method for modeling closed-loop vehicle directional control[R]. UMTRI, 1982.

[16] MACADAM C C. An optimal preview control for linear systems[J]. Journal of Dynamic Systems, 1980, 102(3): 188-190.

[17] PENG H, TOMIZUKA. Preview control for vehicle lateral guidance in highway automation[J]. Journal of Dynamic Systems, Measurement, and Control, 1993, 115(4): 679-686.

[18] SHARP R S, CASANOVA D, SYMONDS P. A mathematical model for driver steering control, with design, tuning and performance results[J]. Vehicle System Dynamics, 2000, 33(5): 289-326.

[19] ODHAMS A M C. Identification of driver steering and speed control[D]. London: Cambridge University,2006.
[20] UNGOREN A Y,PENG H. An adaptive lateral preview driver model[J]. Vehicle System Dynamics, 2005,43(4): 245-259.
[21] COLE D J,PICK A J,ODHAMS A M C. Predictive and linear quadratic methods for potential application to modelling driver steering control[J]. Vehicle System Dynamics,2006,44(3): 259-284.
[22] FALCONE P. Linear time-varying model predictive control and its application to active steering systems: stability analysis and experimental validation[J]. International Journal Robust Nonlinear Control,2008,18(8): 862-875.
[23] KEEN S D,COLE D J. Application of time-variant predictive control to modeling driver steering skill[J]. Vehicle System Dynamics,2011,49(4): 527-559.
[24] KEEN S D,COLE D J. Bias-free identification of a linear model-predictive steering controller from measured driver steering behavior[J]. IEEE Transactions on Systems,Man,and Cybernetics,Part B: Cybernetics,2012,42(2): 434-443.
[25] KOTHARE M,BALAKRISHNAN V,MORARI M. Robust constrained model predictive control using linear matrix inequalities[J]. Automatica,1996,32(10): 1361-1379.
[26] WANG C,ZHANG X,GUO K. Application of stochastic model predictive control to modeling driver steering skills[J]. SAE International Journal of Passenger Cars Mechanical Systems,2016,9(1): 116-123.
[27] PENG Y,LIU S,DENNIS Z Y. An improved car-following model with consideration of multiple preceding and following vehicles in a driver's veiw[J]. Physical A: Statistical Mechanics and its Applications,2020,538: 122967.
[28] ZOU Y,SHI G,SHI H. Traffic incident classfication at intersections based on image sequences by HMM/SVM Classifiers[J]. Multimedia Tools and Applications,2011,52: 133-145.
[29] YUAN M,KAN X. Study of driving cycle of city tour bus based on coupled GA-k-means and HMM algorithms: a case study in Beijing[J]. IEEE Access,2021,9: 20331-20345.
[30] CHEN Z,WU C,ZHANG Y,et al. Vehicle behavior learning via sparse reconstruction with l_2-l_p minimization and trajectory similarity[J]. IEEE Transactions on Intelligent Transportation Systems, 2016,18(2): 236-247.
[31] RAMYAR S,HOMAIFAR A,KARIMODDIN A,et al. Identification of anomalies in lane change behavior using one-class SVM[C]//IEEE International Conference on Systems, Man, and Cybernetics,2016: 4405-4410.
[32] HEIDE A,HENNING K. The "cognitive car": a road map for research issues in the automotive sector[J]. Annual Reviews in Control,2006,30(2): 197-203.
[33] ABDUL W,WEN T G,KAMARUDDIN N. Understanding driver behavior using multi-dimensional CMAC[C]//IEEE 6th International Conference on Information,Communications & Signal Processing,2007: 1-5.
[34] WANG W,ZHAO D,HAN W. A learning-based approach for lane departure warning systems with a personalized driver model[J]. IEEE Transactions on Vehicular Technology,2018,67(10): 9145-9157.
[35] 严伟. 仿驾驶员速度跟随行为的自适应巡航控制算法研究[D]. 长春: 吉林大学,2016.

[36] 张磊.基于驾驶员特性自学习方法的车辆纵向驾驶辅助系统[D].北京:清华大学,2009.

[37] LAN X,CHEN H,HE X. Driver lane keeping characteristic indices for personalized lane keeping assistance system[R]. SAE Technical Paper,2017,No. 2017-01-1982.

[38] MA X,ANDREASSON I. Behavior measurement,analysis,and regime classification in car following [J]. IEEE Transactions on Intelligent Transportation Systems,2007,8(1):144-156.

[39] 王殿海,金盛.车辆跟驰行为建模的回顾与展望[J].中国公路学报,2012,25(1):115-127.

[40] 柏海舰,申剑峰,卫立阳.无人车"三阶段"换道轨迹规划过程分析[J].合肥工业大学学报:自然科学版,2019,42(5):577-584.

[41] 雷虎.愤怒情绪下的汽车驾驶行为特征及其对交通安全的影响研究[D].武汉:武汉理工大学,2011.

[42] WITSENHAUSE H S. A class of hybrid-state continuous-time dynamic systems [J]. IEEE Transactions on Automatic Control,1966,11(2):161-167.

[43] KHATIB O. Real-Time obstacle avoidance for manipulators and mobile robots [C]//IEEE International Conference on Robotics and Automation. Proceedings,2003:90-98.

[44] HUANG Z C,CHU D F,WU C Z,et al. Path planning and cooperative control for automated vehicle platoon using hybrid automata[J]. IEEE Transactions on Intelligent Transportation Systems,2018, 20(3):959-974.

[45] 黄子超,吴青,马育林.基于模型预测控制与环境势场建模的车队协同驾驶方法研究[C]//第十一届中国智能交通年会大会论文集.北京:电子工业出版社,2016.

[46] WOLF M T,BURDICK J W. Artificial potential functions for highway driving with collision avoidance[C]//IEEE International Conference on Robotics and Automation,2008:3731-3736.

[47] SONG X,CAO H,HUANG J. Influencing factors research on vehicle path planning based on elastic bands for collision avoidance [J]. SAE International Journal of Passenger Cars-Electronic and Electrical Systems,2012,5(2):625-637.

[48] SONG X,CAO H,HUANG J. Vehicle path planning in various driving situations based on the elastic band theory for highway collision avoidance[J]. Proceedings of the Institution of Mechanical Engineers,Part D:Journal of Automobile Engineering,2013,227(12):1706-1722.

[49] CHEN Y L,WANG C A. Vehicle safety distance warning system:a novel algorithm for vehicle safety distance calculating between moving cars[C]//Proceedings of the IEEE 65th Vehicular Technology Conference,IEEE,2007:2570-2574.

[50] 席裕庚.预测控制[M].北京:国防工业出版社,1993.

[51] 王秋.基于滚动优化的车辆自适应巡航控制[D].长春:吉林大学,2017.

[52] HOFFMANN G M,TOMLIN C J,MONTEMERLO M,et al. Autonomous automobile trajectory tracking for off-road driving:controller design,experimental validation and racing[C]//Proceedings of the IEEE American Control Conference,IEEE,2007:2296-2301.

[53] WEI J,DOLAN J M,LITKOUHI B. A prediction-and cost function-based algorithm for robust autonomous freeway driving[C]//IEEE Intelligent Vehicles Symposium,2010:512-517.

[54] FARINA M,SCATTOLINI R. Distributed predictive control:a non-cooperative algorithm with neighbor-to-neighbor communication for linear systems[J]. Automatica,2012,48(6):1088-1096.

[55] DUNBAR W B,MURRAY R M. Distributed receding horizon control for multi-vehicle formation stabilization[J]. Automatica,2006,42(4):549-558.

[56] 孙扬,杨贺. 无人驾驶车辆智能水平等级划分[J]. 科技导报,2017,35(17):80-83.
[57] 熊光明,高利,吴少斌,等. 无人驾驶车辆智能行为及其测试与评价[M]. 北京:北京理工大学出版社,2015.
[58] 吕香亭. 综合评价指标筛选方法综述[J]. 合作经济与科技,2009(6):54-54.
[59] 郭亚军. 综合评价理论、方法及拓展[M]. 北京:科学出版社,2012.
[60] 胡永宏,贺思辉. 综合评价方法[M]. 北京:科学出版社,2000.
[61] 杜栋,庞庆华,吴炎. 现代综合评价方法与案例精选[M]. 北京:清华大学出版社,2015.
[62] OKADA H, STYLES S W, GRISMER M E. Application of the analytic hierarchy process to irrigation project improvement, Part Ⅱ: how professionals evaluate an irrigation project for its improvement[J]. Agricultural Water Management, 2008, 95(3):205-210.
[63] 刘杨,陈亚哲,李祥松,等. 基于层次分析法和熵值法的产品广义质量综合评价[J]. 中国工程机械学报,2009,7(4):494-498.
[64] 王学军,郭亚军. 基于 G1 法的判断矩阵的一致性分析[J]. 中国管理科学,2006,14(3):65-70.
[65] 林春荣,杨晓英. 基于熵值法和序关系分析法的产品质量评估[J]. 组合机床与自动化加工技术,2018(10):156-160.
[66] 王靖,张金锁. 综合评价中确定权重向量的几种方法比较[J]. 河北工业大学学报,2001,30(2):52-57.
[67] JIANG X Y, XU L Z, SUN X Y, et al. Comprehensive quality evaluation oriented to product lifecycle[J]. Advanced Materials Research, 2012, 490-495:2047-2051.
[68] 伍文,孟相如,马志强,等. 基于组合赋权的网络可生存性模糊综合评估[J]. 系统工程与电子技术,2013,35(4):786-790.
[69] 牛瑾. 基于层次分析法和模糊综合评价的中国高铁核心能力评价[D]. 兰州:兰州理工大学,2017.
[70] 孙扬,熊光明,陈慧岩. 基于 Fuzzy-EAHP 的无人驾驶车辆智能行为评价[J]. 汽车工程,2014,36(1):22-27.
[71] 刘思峰,党耀国,方志耕,等. 灰色系统理论及其应用[M]. 北京:科学出版社,2010.
[72] 吕金虎,路君安,陈士华. 混沌时间序列分析及应用[M]. 武汉:武汉大学出版社,2002.

附 录 A

表 A-1 驾驶员 A 各组数据车头时距的 T 检验结果（* 表示 $P<0.05$，后同）

组数	1	2	3	4	5	6	7	8	9	10
1		1.313 1.241 1.352	2.389* 2.547* 2.181*	1.339 1.817 1.550	1.814 1.225 1.979	1.974 1.221 1.403	1.792 1.821 1.296	1.392 1.929 1.794	1.694 1.622 1.170	1.489 1.438 1.117
2			2.905* 3.096* 3.015*	1.576 1.744 1.775	1.955 1.644 1.587	1.317 1.227 1.111	1.445 1.296 1.132	1.498 1.043 1.189	1.89 1.486 1.378	1.243 1.207 1.435
3				3.127* 1.258 2.318*	2.97* 2.942* 3.169*	2.655* 2.686* 1.435	3.172* 2.811* 2.301*	2.95* 2.311* 2.408*	2.646* 2.424* 2.956*	2.959* 2.649* 1.183
4					1.913 1.446 1.532	1.957 1.470 1.923	1.035 1.594 1.507	1.706 1.575 1.731	1.034 1.368 1.306	1.709 1.350 1.230
5						1.632 1.430 1.262	1.485 1.085 1.059	1.849 1.644 1.625	1.031 1.508 1.939	1.844 1.184 1.602
6							1.626 1.234 1.450	1.8 1.780 1.510	1.934 1.875 1.194	1.276 1.904 1.711
7								1.278 1.029 1.521	1.141 1.885 1.106	1.678 1.197 1.805
8									1.546 1.712 1.818	1.453 1.928 1.231
9										1.967 1.653 1.931
10										

表 A-2　驾驶员 A 各组数据车速的 T 检验结果

组数	1	2	3	4	5	6	7	8	9	10
1		1.83 1.060 1.984	3.075* 1.052 1.701	1.337 1.032 1.855	1.689 1.384 1.343	1.996 1.425 1.399	3.084* 1.167 1.737	1.136 1.666 1.561	1.401 1.644 1.583	1.944 1.584 1.312
2			1.585 1.526 1.106	1.054 1.269 1.539	1.622 1.881 1.376	1.748 1.251 1.107	1.078 1.161 1.416	1.399 1.372 1.422	2.869* 1.698 1.669	1.076 1.190 1.290
3				1.906 1.178 1.656	1.198 1.547 1.666	1.190 1.428 1.617	1.879 1.094 1.292	1.339 1.417 1.128	1.460 1.120 1.824	1.260 1.598 1.431
4					1.951 1.983 1.999	2.981* 1.589 2.982*	1.594 1.470 1.015	1.920 1.301 1.171	1.156 1.226 1.730	1.699 1.718 1.266
5						1.637 1.224 1.916	3.035* 1.242 1.546	1.638 1.968 1.153	1.957 1.667 1.001	
6							1.175 1.917 1.425	1.033 1.531 1.281	1.240 1.844 1.562	1.721 1.269 1.644
7								1.068 1.325 1.440	1.676 1.344 1.424	1.473 1.765 1.647
8									1.319 1.105 1.527	1.289 2.780* 1.460
9										1.068 1.602 1.784
10										

表 A-3　驾驶员 A 各组数据加速度的 T 检验结果

组数	1	2	3	4	5	6	7	8	9	10
1		1.755 1.167 1.825	2.377* 2.862* 2.790*	1.216 1.989 1.318	1.790 1.514 1.534	1.949 1.884 1.090	1.327 1.588 1.111	1.671 1.154 1.136	1.438 1.199 1.678	1.833 1.407 1.495
2			1.495 2.988* 2.900*	1.147 1.001 1.574	1.055 1.865 1.845	1.850 1.612 1.738	1.560 1.990 1.586	1.929 1.527 1.246	1.696 1.479 1.666	1.582 1.801 1.083

续表

组数	1	2	3	4	5	6	7	8	9	10
3				1.729 2.484* 1.192	2.890* 2.844* 1.123	2.982* 3.209* 3.205*	2.769* 2.552* 1.146	2.581* 2.629* 3.189*	1.928 3.032* 3.042*	1.580 2.614* 2.635*
4					1.499 1.640 1.052	1.535 1.417 1.931	1.445 1.206 1.728	1.123 1.947 1.737	1.490 1.082 1.063	1.853 1.105 1.860
5						1.513 1.648 1.330	1.177 1.025 1.898	1.398 1.842 1.118	1.133 1.559 1.988	1.030 1.854 1.540
6							1.764 1.905 1.299	1.818 1.675 1.134	1.100 1.468 1.212	1.178 1.912 1.894
7								1.359 1.104 1.071	1.056 1.745 1.242	1.521 1.736 1.053
8									1.335 1.561 1.441	1.175 1.184 1.013
9										1.208 1.597 1.897
10										

表 A-4 不同驾驶员各组数据车头时距的 T 检验结果

B \ A	1	2	3	4	5	6	7	8	9	10
1	2.424* 3.056* 2.573*	2.693* 3.173* 1.444	3.042* 2.652* 2.504*	3.191* 3.038* 2.749*	2.573* 3.185* 1.692	3.225* 2.809* 1.783	2.293* 3.006* 2.762*	2.922* 2.781* 3.235*	1.214 3.182* 2.315*	2.907 2.638* 2.453
2	2.791* 2.428* 2.864*	2.526* 2.408* 2.398*	2.666 2.358* 2.394*	2.698* 2.709* 2.568*	2.447* 3.167* 3.242*	1.494 2.751* 2.886*	2.742* 3.167* 2.872*	2.911* 3.062* 1.716	3* 2.531* 2.085	2.69* 2.744* 1.383
3	1.525 2.916* 2.951*	1.131 2.842* 1.812	3.204* 3.218* 2.837*	1.771 2.773* 1.08	1.701 2.373* 1.52	1.941 2.658* 1.629	2.88* 3.121* 3.067*	2.694* 3.087* 2.345*	1.81 3.205* 1.68	1.852 2.488* 1.647
4	3.01* 2.713* 2.346*	2.407* 3.115* 1.884	2.322* 2.497* 2.615*	3.057* 2.906* 2.641*	2.671* 2.857* 2.524*	1.25 2.3* 1.147	2.839* 2.445* 2.502*	2.395* 2.435* 2.653*	3.245* 1.563 2.963*	2.845* 2.514* 2.552*

续表

B\A	1	2	3	4	5	6	7	8	9	10
5	2.491 3.175* 2.414	2.613 2.775* 2.664*	3.083* 2.277 2.305*	3.074* 2.795* 2.613*	2.865* 2.973* 1.484	3.175* 3.058* 1.361	3.149* 2.291* 1.752	3.093* 3.065* 2.322*	2.928* 2.801* 2.96*	2.879* 2.527* 1.086
6	3.088* 2.8* 3.258*	2.338* 2.502* 2.385*	1.431 2.911* 2.994*	3.201* 3.138* 2.812*	1.379 2.559* 2.581*	2.524* 2.597* 2.942*	1.43 3.241* 2.975*	2.661* 2.789* 2.679*	2.929* 1.44 2.39*	3.245* 2.992* 2.606*
7	1.34 2.705* 2.369*	2.446* 2.502* 2.679*	2.91* 2.713* 2.809*	2.884* 2.849* 1.47	2.686* 2.77* 1.348	2.399* 2.983* 1.369	2.762* 2.733* 1.322	2.919* 2.89* 2.554*	3.261* 2.433* 2.295*	2.846* 1.37 3.168*
8	3.224* 2.267* 3.037*	1.312 3.165* 3.207*	2.558* 3.007* 2.451*	2.563* 2.733* 2.492*	2.524* 3.063* 1.291	2.916* 2.756* 3.041*	2.944* 2.304* 1.333	2.694* 1.277 3.246*	2.823* 3.144* 2.931*	3.142* 3.08* 2.523*
9	3.079* 3.131* 1.346	2.753* 2.751* 2.6*	2.949* 2.446* 2.63*	3.106* 2.457* 2.488*	3.191* 2.992* 2.751*	2.977* 3.166* 3.153*	2.784* 2.359* 3.08*	2.429* 1.368 2.634*	1.452 2.631* 2.723*	2.856* 2.285* 2.687*
10	2.662* 2.522* 3.062*	3.162* 2.631* 1.373	2.888* 3.042* 1.343	2.433* 2.49* 2.698*	2.841* 2.499* 2.721*	2.596* 2.961* 1.46	3.08* 2.984* 1.412	2.46* 2.752* 2.601*	3.244* 2.418* 3.118*	2.575* 2.423* 1.441

表 A-5 不同驾驶员各组数据速度的 T 检验结果

B\A	1	2	3	4	5	6	7	8	9	10
1	1.885 1.556 2.061	1.98 1.406 2.1	1.638 2.084 1.935	1.921 2.1 2.002	1.867 1.91 1.828	2.098 1.857 2.045	2.976* 1.346 2.05	2.075 2.452* 1.99	2.014 2.092 1.494	2.01 1.544 1.568
2	1.933 2.058 2.062	2.042 1.703 2.038	1.615 1.803 2.069	1.812 2.024 1.878	2.026 2.09 2.264*	2.266* 1.904 1.482	1.617 1.662 1.869	1.942 2.063 1.69	2.077 1.824 1.512	1.604 1.628 2.083
3	2.001 1.496 1.531	1.751 2.034 2.057	1.654 2.02 1.705	2.304* 2.095 1.718	2.395* 1.435 1.654	1.793 1.886 1.732	2.011 2.088 2.052	1.96 2.363* 2.037	1.952 1.655 1.585	2.036 1.514 2.393*
4	1.782 1.993 2.016	1.53 1.717 1.686	2.079 1.731 2.028	2.075 2.044 2.003	1.601 2.058 1.556	1.659 1.284 1.892	1.781 1.996 1.552	2.307* 2.001 2.048	1.667 1.609 1.651	2.091 2.02 1.525
5	1.87 1.282 2.018	2.33* 1.306 1.806	1.651 1.749 1.553	2.332* 1.727 1.78	1.987 1.992 2.323*	2.035 1.853 2.031	1.574 1.598 2.041	1.709 2.028 1.545	1.505 2.097 1.744	2.322* 2.396* 2.446*

续表

B \ A	1	2	3	4	5	6	7	8	9	10
6	2.431* 1.993 1.787	2.043 2.037 1.469	2.038 2.045 2.009	1.581 1.402 2.008	1.947 1.855 2.033	1.859 1.271 2.017	1.957 1.652 1.957	2.088 2.023 2.092	2.001 2.057 1.961	2.321* 2.048 1.975
7	1.568 2.073 2.041	2.064 1.849 2.378*	1.888 2.006 2.011	1.941 2.001 2.007	2.003 1.982 1.81	1.839 1.678 2.052	1.61 1.517 2.313*	2.353* 2.444* 2.031	1.998 1.907 1.586	1.64 1.861 1.596
8	1.885 1.553 1.728	1.463 1.924 1.886	2.041 2.098 2.407*	2.009 2.006 2.083	1.612 2.048 1.724	2.411* 1.79 2.033	2.023 1.392 2.059	2.043 1.39 2.042	1.952 1.315 2.336*	1.493 2.001 1.763
9	1.616 1.743 1.902	1.923 2.032 1.784	1.671 2.071 1.698	1.984 2.056 1.681	1.506 2.017 1.705	1.901 2.061 2.031	2.045 2.027 2.341*	1.479 1.583 2.325*	1.732 1.67 2.027	1.758 1.795 1.929
10	1.989 1.919 2.337*	2.047 1.933 1.498	1.581 2.069 1.912	1.568 1.572 1.526	1.904 2.015 1.821	1.629 2.324* 2.452*	2.451* 1.463 2.327*	1.946 2.007 1.671	2.002 1.879 1.668	2.011 1.487 2.304*

表 A-6 驾驶员 A 各组数据加速度的 T 检验结果

组数	1	2	3	4	5	6	7	8	9	10
1	2.621* 2.916* 2.41*	2.974* 2.066 2.808*	2.693* 2.052 2.043	2.612* 2.547* 2.952*	2.851* 2.43* 2.268*	2.072 2.996* 2.249	2.061 2.004 2.023	2.016 2.443* 2.023	2.821* 2.803* 2.806*	2.083 2.986* 2.716*
2	2.508* 2.016 2.039	2.798* 2.624* 2.046	2.839* 2.967* 2.596*	2.861* 2.796* 2.013	2.049 2.834* 2.268*	2.328* 2.86* 2.55*	2.058 2.379* 2.378*	2.82* 2.933* 2.413*	2.068 2.744* 2.125*	2.995* 2.026 2.983*
3	2.725* 2.393* 2.96*	2.659* 2.362* 2.096	2.071 2.888* 2.4*	2.035 2.051 2.86*	2.45* 2.614* 2.291*	2.831* 2.458* 2.335*	2.28* 2.313* 2.955*	2.748* 2.356* 2.593*	2.274* 2.061 2.886*	2.857* 2.639* 2.502*
4	2.018 3.05* 2.602*	2.275* 2.957* 2.033	2.356* 2.808* 2.072	3.005* 2.746* 2.094	2.704* 2.546* 2.014	2.099 2.735* 2.492*	2.765* 2.618* 2.046	2.894* 2.659* 2.397*	2.037 2.026 2.728*	2.32* 2.814* 2.291*
5	2.769* 3.061* 2.35*	2.304* 2.016 2.504*	2.011 2.73* 2.665*	2.785* 2.072 2.079	2.844* 2.063 2.356*	2.514* 2.672* 2.021	2.274* 2.039 2.976*	2.361* 2.515* 2.485*	2.956* 2.579* 2.765*	2.026 2.829* 2.733*
6	2.477* 2.527* 2.826*	2.075 2.959* 2.059	2.588* 2.792* 2.769*	2.703* 2.391* 2.716*	2.299* 2.593* 2.053	2.378* 2.835* 2.758*	2.769* 2.62* 2.375*	2.422* 2.62* 2.805*	2.016 3.015* 2.603*	2.777* 2.704* 2.481*

续表

组数	1	2	3	4	5	6	7	8	9	10
7	2.88* 2.062 2.024	2.055 2.369* 2.518*	2.843* 2.35* 2.755*	2.811* 2.645* 2.802*	2.467* 2.067 2.074	2.087 2.092 2.054	2.028 2.684* 3.05*	2.486* 2.491* 2.087	2.742* 2.099 2.871*	2.453* 2.878* 2.379*
8	2.422* 2.019 2.584*	2.064 3.057* 2.394*	2.619* 2.459* 2.024	2.297* 2.797* 3.033*	2.846* 2.354* 2.666*	2.07 2.485* 2.718*	2.032 2.32* 2.459*	2.086 2.352* 2.38*	2.811* 2.082 2.587*	2.877* 2.851* 2.914*
9	2.398* 2.038 2.271*	2.359* 2.024 2.36*	2.842* 2.4* 2.67*	2.929* 2.048 2.428*	2.026 2.494* 2.757*	2.785* 2.593* 2.071	2.036 2.746* 2.464*	2.716* 3.019* 2.998*	2.388* 2.608* 2.461*	2.568* 2.698* 3.013*
10	2.967* 2.737* 2.53*	2.008 2.567* 2.823*	2.803* 2.067 2.019	2.431* 2.747* 2.66*	2.82* 2.495* 2.717*	2.694* 2.088 2.096	3.045* 2.464* 2.683*	2.52* 2.302* 2.826*	2.477* 2.043 2.317*	2.506* 2.022 2.929*

表 A-7 驾驶员 A 各组数据车道偏移量变量的 T 检验结果

组数	1	2	3	4	5	6	7	8	9	10
1		1.654 1.794 1.377	1.395 1.923 2.044	2.268* 2.042 2.018	2.041 1.785 1.453	2.278* 1.363 1.824	2.01 2.041 1.998	1.907 2.009 1.906	1.71 1.512 1.948	2.052 2.311* 1.69
2				2.031 1.552 1.731	1.623 1.956 1.385	1.628 1.516 1.643	1.786 1.823 2.032	2.307* 1.571 2.071	2.083 1.884 2.356*	1.624 1.406 2.017	2.033 1.801 2.096
3					1.787 1.675 1.523	1.802 1.889 1.819	1.684 2.047 1.833	1.598 1.481 1.969	1.581 1.468 1.472	1.605 1.804 2.05	2.031 1.529 2.024
4						2.037 1.88 2.306*	1.398 1.538 2.084	1.812 1.821 2.024	1.426 1.767 1.81	1.721 2.098 1.757	2.352* 1.876 2.046
5							1.835 1.515 1.703	2.032 1.712 2.024	1.728 2.026 1.99	2.045 2.066 1.804	1.95 1.517 1.562
6								1.778 2.004 2.095	2.034 2.095 2.035	1.382 1.693 1.786	1.769 2.011 2.088
7									1.554 1.501 2.058	1.632 1.559 2.084	2.052 1.681 1.896

续表

组数	1	2	3	4	5	6	7	8	9	10
8								1.792 2.025 1.753	1.452 1.474 1.498	
9									2.041 1.857 1.552	
10										

表 A-8 驾驶员 A 各组数据速度变量的 T 检验结果

组数	1	2	3	4	5	6	7	8	9	10
1		2.031 1.943 2.29*	1.486 1.852 2.015	1.496 1.393 2.301*	1.54 1.722 1.419	1.818 1.464 2.357*	2.055 1.919 1.759	2.002 1.597 2.097	1.474 2.046 1.654	1.454 1.37 1.785
2			2.036 1.632 1.57	1.663 1.658 1.695	1.884 1.698 1.538	1.694 1.659 1.424	1.424 2.042 1.7	2.333* 2.029 1.448	1.966 2.326* 1.794	2.018 2.085 1.893
3				1.829 2.01 1.387	1.571 2.267* 2.037	1.66 1.408 1.867	1.97 2.003 1.467	1.728 1.731 2.047	2.057 2.012 1.795	1.471 1.994 1.488
4					1.83 2.274* 1.466	2.023 1.993 1.452	1.49 1.912 1.847	1.96 2.151 1.73	2.017 1.472 2.296*	1.496 1.461 1.504
5						1.443 2.039 2.267*	2.052 2.061 2.096	1.568 1.449 2.034	1.549 1.628 2.016	1.53 1.558 1.679
6							1.413 1.435 1.451	1.568 1.75 1.914	1.85 2.031 1.758	1.678 1.58 1.613
7								1.591 2.004 1.846	1.635 1.399 2.035	2.055 2.065 1.918
8									1.792 1.814 1.972	1.546 1.574 1.439

续表

组数	1	2	3	4	5	6	7	8	9	10
9										2.276* 2.069 1.92
10										

表 A-9　驾驶员 A 各组数据航向角变量的 T 检验结果

组数	1	2	3	4	5	6	7	8	9	10
1		1.487 1.386 1.652	2.071 2.011 1.482	1.679 2.177 2.051	1.586 1.736 1.45	2.351* 1.429 2.301*	1.774 1.965 2.013	1.586 1.631 2.035	1.863 1.794 2.36*	1.854 2.057 2.335*
2			1.887 1.688 1.908	2.014 1.868 1.998	2.002 1.543 1.407	1.38 2.046 2.046	1.946 1.914 1.946	1.839 1.986 1.598	2.174 1.848 2.056	1.69 2.02 2.001
3				2.313* 1.806 1.422	2.085 1.709 2.023	1.896 2.047 2.061	1.874 1.445 2.082	1.539 2.092 2.029	1.5 1.752 2.289*	2.316* 1.394 1.719
4					1.746 1.989 1.384	1.988 1.5 1.58	2.358* 1.717 2.333*	2.296* 1.47 1.544	2.279* 2.076 1.98	2.025 1.644 1.592
5						1.544 1.404 1.469	1.708 2.049 1.817	1.461 1.852 1.555	1.705 2.298* 1.487	2.073 1.987 1.953
6							1.775 1.58 1.488	2.058 1.461 1.406	2.093 2.008 2.095	2.022 1.41 1.711
7								1.919 2.034 1.674	1.76 2.012 2.097	1.813 1.603 2.077
8									1.684 1.914 2.041	2.018 1.644 2.093
9										1.5 2.099 1.501
10										

表 A-10　驾驶员 A 各组数据横摆角速度变量的 T 检验结果

组数	1	2	3	4	5	6	7	8	9	10
1		2.292* 1.761 1.409	1.866 2.009 1.67	2.092 2.011 1.735	1.812 1.568 2.262*	1.479 2.077 1.687	2.359* 1.916 1.877	2.082 1.709 1.879	2.031 1.862 1.58	1.87 1.948 2.025
2			1.501 1.838 1.724	1.955 2.035 2.296*	2.025 2.044 1.647	1.608 1.705 1.738	1.693 1.792 1.854	1.919 1.518 1.924	1.934 1.484 2.033	1.445 2.024 1.879
3				2.03 1.569 2.016	2.035 2.026 1.485	1.909 1.924 1.758	1.433 2.025 1.427	2.057 1.788 2.098	1.962 1.418 1.418	1.533 2.301* 1.952
4					1.769 1.637 2.079	1.76 1.877 2.02	1.798 2.089 1.757	2.093 1.722 1.816	1.515 1.382 1.797	1.803 2.304* 2.018
5						2.313* 2.084 1.762	1.975 2.081 2.048	1.748 2.138 2.096	2.094 1.979 1.882	1.814 2.002 1.895
6							2.293* 1.553 1.621	1.792 2.056 2.307*	2.026 1.46 2.027	1.916 2.042 1.729
7								2.046 2.068 1.471	1.47 1.879 1.505	1.601 1.941 2.029
8									1.921 1.367 2.029	1.769 1.475 1.806
9										1.662 1.763 2.095
10										

表 A-11　驾驶员 A 各组数据横摆角加速度变量的 T 检验结果

组数	1	2	3	4	5	6	7	8	9	10
1		1.823 2.001 2.279*	2.019 1.405 2.054	2.057 1.945 1.945	1.885 1.687 2.094	2.011 1.905 1.7	1.525 2.02 1.53	1.652 1.765 2.024	2.325* 1.448 1.862	2.347* 1.921 2.296*
2			2.341* 1.645 1.496	2.017 1.397 2.047	2.072 1.919 1.625	2.094 1.915 2.32*	1.864 2.361* 1.717	1.977 2.353* 1.566	1.884 1.452 2.067	2.082 1.846 2.001

续表

组数	1	2	3	4	5	6	7	8	9	10
3				1.77 1.398 2.008	2.043 1.596 1.818	2.055 1.719 1.908	1.409 1.576 1.76	2.089 2.038 1.611	2.046 1.801 2.044	2.025 1.561 1.757
4					1.747 1.901 2.354*	1.709 1.985 2.059	1.696 1.592 2.298*	1.838 1.761 1.961	1.51 1.982 1.623	2.354* 1.764 2.021
5						2.008 1.488 2.084	2.045 2.324* 1.8	2.063 1.467 2.083	1.808 2.006 1.558	2.263* 2.357* 2.015
6							2.302* 1.368 1.972	2.003 1.717 1.792	1.666 1.845 1.7	1.47 1.398 1.98
7								1.934 2.063 2.004	2.016 2.349* 1.521	1.929 2.324* 2.008
8									1.599 2.064 1.737	2.025 1.885 1.622
9										2.324* 1.902 1.392
10										

表 A-12 驾驶员 A 和驾驶员 B 的车道偏移量变量的 T 检验结果

B \ A	1	2	3	4	5	6	7	8	9	10
1	2.094 2.932* 2.665*	2.89* 2.569* 2.428*	2.53* 2.003 2.013	2.452* 2.837* 2.041	3.055* 2.518* 2.488*	3.014* 3.038* 2.093	2.004 2.5* 2.412*	2.662* 2.047 2.984*	2.377* 2.789* 2.578*	2.442* 2.381* 3.048
2	2.327* 2.927* 2.012	2.289* 2.597* 2.351*	2.776* 2.37* 2.733*	2.071 2.967* 2.938*	2.275* 2.255* 2.895*	2.556* 2.925* 2.305*	2.54* 2.649* 2.008	2.016 2.589* 2.081	2.853* 2.266* 2.74*	2.78* 2.475* 2.061
3	2.52* 2.784* 2.401*	2.013 2.047 2.013	2.714* 2.593* 2.777*	3.062* 2.926* 2.099	2.789* 2.592* 2.891*	2.896* 2.876* 2.691*	2.967* 2.702* 2.025	2.442* 2.875* 2.306*	2.014 2.863* 2.741*	2.797* 2.699* 2.036

续表

B\A	1	2	3	4	5	6	7	8	9	10
4	2.463* 2.589* 2.956*	2.472* 2.085 2.505*	2.567* 2.55* 2.56*	2.607* 3.06* 2.573*	2.574* 2.614* 2.275*	2.064 2.442* 2.966*	2.628* 2.994* 2.845*	2.946* 2.775* 2.44*	3.008* 2.054 2.97*	2.083 3.044* 2.559*
5	2.84* 2.031 2.341*	2.961* 2.416* 2.082	2.998* 2.451* 2.079	2.936* 2.032 3.05*	2.65* 2.005 2.014	2.742* 2.441* 2.694*	2.748* 2.528* 2.322*	2.311* 2.315* 2.829*	2.572* 2.677* 2.378*	2.084 2.016 2.003
6	2.441* 2.927* 2.482*	2.631* 2.937* 2.411*	2.302* 2.747* 2.901*	2.985* 2.626* 2.493*	2.745* 2.671* 2.282*	2.305* 2.633* 3.044*	2.631* 2.311* 2.381*	2.012 2.747* 2.682*	2.039 2.913* 2.007	2.955* 2.528* 2.623*
7	2.302* 2.66* 2.541*	2.004 2.004 2.039	3.032* 2.277* 2.822*	2.4* 2.783* 2.076	2.468* 2.692* 2.617*	2.912* 2.345* 2.744*	2.973* 2.947* 2.857*	2.809* 3.039* 2.446*	2.432* 2.684* 3.06*	2.556* 2.013 2.96*
8	2.961* 2.997* 2.88*	2.803* 2.519* 2.73*	2.646* 2.465* 2.572*	2.436* 2.985* 2.608*	2.019 2.031 2.063	2.42* 3.049* 2.046	2.988* 2.041 2.58*	2.322* 2.939* 2.868*	2.579* 3.053* 2.289*	2.351* 2.331* 2.656*
9	2.771* 2.805* 2.962*	2.761* 2.633* 2.691*	2.558* 2.713* 2.806*	2.536* 2.559* 2.371*	2.48* 2.55* 2.022	2.312* 2.873* 2.046	2.689* 2.975* 2.726*	2.523* 2.053 2.626*	2.46* 2.759* 2.027	2.538* 2.43* 2.718*
10	2.027 2.398* 2.066	2.94* 2.724* 2.937*	2.364* 2.052 2.888*	3.013* 3.044* 2.576*	2.729* 2.08 2.082	2.593* 2.863* 2.801*	2.451* 2.802* 2.88*	2.049 2.594* 2.417*	2.81* 2.482* 2.873*	3* 2.682* 2.345*

表 A-13 驾驶员 A 和驾驶员 B 的速度变量的 T 检验结果

B\A	1	2	3	4	5	6	7	8	9	10
1	2.267* 2.501* 2.089	2.659* 2.493* 2.793*	2.552* 2.332* 3.052	2.791* 2.265* 2.278*	2.413* 2.016 2.771*	2.068 2.864* 2.559*	3.009* 2.572* 2.854*	2.36* 2.559* 2.952*	2.348* 2.749* 2.003	2.609* 2.465* 2.069
2	2.938* 2.672* 2.266*	2.323* 2.057 2.513*	2.046 2.924* 2.095	3.038* 2.655* 2.366*	3.055* 2.024 2.076	2.6* 2.933* 2.785*	2.514* 2.911* 2.452*	2.563* 2.339* 2.596*	2.574* 2.783* 2.991*	2.786* 2.676* 2.845*
3	2.582* 2.016 2.924*	2.702* 2.094 2.515*	2.394* 2.811* 2.706*	3.03* 2.958* 2.052	2.975* 2.544* 2.914*	2.73* 2.041 2.612*	2.8* 3.038* 2.585*	2.636* 2.475* 2.077	2.794* 2.812* 2.469*	2.629* 2.873* 2.639*

续表

B\A	1	2	3	4	5	6	7	8	9	10
4	2.505*	2.714*	2.031	2.064	2.872*	3.022*	2.492*	2.765*	2.301*	3.006*
	2.61*	2.889*	3.014*	2.774*	2.049	2.658*	2.269*	2.569*	2.583*	2.933*
	2.629*	2.37*	2.605*	2.93*	2.309*	2.871*	2.385*	2.443*	2.281*	2.57*
5	2.742*	2.464*	2.313*	2.018	2.016	3.047*	2.073	2.027	2.904*	2.851*
	2.433*	2.946*	2.641*	2.001	2.671*	2.948*	2.437*	2.421*	2.725*	2.535*
	2.014	2.763*	2.977*	2.66*	2.839*	2.276*	2.392*	2.296*	2.878*	2.891*
6	2.518*	2.304*	2.958*	2.666*	2.573*	2.097	2.404*	2.266*	2.856*	2.384*
	2.011	2.822*	2.545*	2.578*	2.09	2.513*	2.879*	2.876*	2.531*	3.038*
	2.8*	2.353*	2.505*	2.07	3.052*	2.076	2.594*	2.455*	2.372*	2.34*
7	2.01	2.339*	2.374*	2.751*	2.563*	2.536*	2.583*	2.016	2.75*	2.035
	3.016*	2.068	2.017	3.008*	2.394*	3.013*	2.836*	2.437*	3.049*	2.813*
	2.804*	2.437*	2.816*	2.936*	2.236*	2.311*	2.082	2.837*	2.832*	2.893*
8	2.999*	2.499*	2.094	2.075	2.688*	2.448*	2.687*	2.027	2.892*	2.984*
	2.575*	2.366*	2.418*	2.417*	2.637*	2.493*	2.409*	2.974*	2.768*	2.389*
	2.303*	2.353*	2.458*	2.304*	2.813*	2.893*	2.397*	2.381*	2.657*	2.866*
9	2.322*	2.305*	2.948*	2.622*	2.016	2.887*	2.637*	2.392*	2.815*	2.6*
	2.821*	2.999*	2.083	2.675*	2.419*	2.515*	2.926*	2.266*	2.559*	2.525*
	3.055*	2.922*	2.906*	2.363*	2.006	2.443*	2.061	2.829*	2.927*	2.883*
10	2.419*	2.459*	2.35*	2.86*	2.913*	2.988*	2.734*	2.032	2.013	3.014*
	2.815*	2.541*	2.312*	2.858*	2.4*	2.803*	2.964*	3.012*	3.031*	2.038
	2.072	2.627*	2.55*	2.843*	2.337*	2.8*	2.061	2.022	2.061	2.771*

表 A-14 驾驶员 A 和驾驶员 B 的航向角变量的 T 检验结果

B\A	1	2	3	4	5	6	7	8	9	10
1	1.997	2.53*	2.08	1.864	1.814	1.976	2.571*	2.369*	2.063	2.681*
	2.061	1.995	2.746*	2.721*	2.333*	2.408*	2.371*	2.477*	2.757*	2.365*
	2.03	2.349*	2.31*	1.915	2.51*	2.043	2.042	2.064	2.023	2.464*
2	2.595*	2.021	2.511*	1.915	2.082	1.866	2.03	2.621*	2.427*	2.506*
	2.757*	2.623*	2.604*	1.918	2.055	2.014	2.02	2.682*	2.726*	2.047
	2.412*	2.423*	1.929	1.852	1.984	2.025	2.043	2.513*	2.433*	2.014
3	2.466*	2.016	2.665*	2.016	2.701*	2.003	1.989	2.048	2.061	1.799
	2.694*	2.009	1.867	2.431*	2.044	2.385*	1.811	2.559*	2.293*	2.034
	2.45*	2.016	2.507*	2.593*	2.302*	2.285*	1.931	1.905	1.763	2.007

续表

B\A	1	2	3	4	5	6	7	8	9	10
4	2.33* 2.043 2.397*	2.715* 2.06 1.92	2.491* 2.479* 1.895	2.552* 2.475* 2.035	1.983 1.858 1.822	2.075 1.98 2.621*	2.02 1.96 2.368*	2.267* 2.373* 2.466*	2.646* 2.066 2.063	2.041 2.28* 2.008
5	2.025 2.017 2.031	2.023 2.504* 2.468*	2.208 2.271* 2.292*	2.471* 2.72* 2.268*	2.582* 2.533* 1.958	2.623* 2.046 2.377*	2.586* 2.573* 2.564*	2.045 2.491* 2.649*	2.713* 2.023 2.05	2.06 2.412* 2.653*
6	2.023 2.265* 2.673*	2.463* 1.768 2.036	2.622* 2.44* 2.568*	2.067 2.552* 1.998	2.657* 2.446* 2.419*	2.541* 2.717* 2.682*	2.47* 2.621* 2.543*	1.818 1.9 2.625*	1.847 2.344* 1.915	2.623* 1.972 2.061
7	1.968 2.001 2.336*	2.663* 2.08 2.359*	2.293* 2.718* 1.829	1.996 2.027 2.381*	2.752* 1.796 2.086	2.047 1.925 2.559*	1.966 2.755* 1.856	2.084 2.073 2.721*	1.835 2.343* 2.049	2.65* 2.019 2.729*
8	2.049 2.024 2.342*	2.06 1.887 2.015	2.304* 2.044 2.043	2.377* 1.885 1.886	2.052 2.346* 1.845	1.876 1.921 2.018	2.413* 1.977 2.006	2.512* 2.743* 1.996	2.024 2.487* 2.62*	2.381* 1.927 2.588*
9	2.64* 1.823 2.003	2.58* 2.743* 2.624*	2.447* 1.97 2.37*	2.046 2.498* 2.073	2.422* 1.814 2.319*	2.61* 2.345* 2.348*	2.002 1.96 2.269*	1.858 2.047 2.262*	2.011 2.724* 2.716*	2.418* 2.308* 2.013
10	1.846 2.325* 2.301*	1.846 2.01 1.998	2.088 2.643* 1.895	2.591* 2.697* 2.061	2.474* 2.025 2.38*	2.688* 2.337* 1.072	2.713* 2.057 2.346*	2.332* 2.739* 2.055	1.968 2.53* 2.378*	1.802 1.995 2.023

表 A-15 驾驶员 A 和驾驶员 B 的横摆角速度变量的 T 检验结果

B\A	1	2	3	4	5	6	7	8	9	10
1	2.695* 3.048* 2.269*	2.288* 2.423* 2.387*	2.737* 2.663* 2.408*	3.045* 2.772* 2.037	2.014 2.443* 2.883*	2.081 2.989* 2.656*	2.782* 2.741* 2.275*	2.084 2.87* 2.041	2.791* 2.922* 2.689*	2.924* 2.958* 2.051
2	2.819* 2.948* 2.534*	2.046 2.575* 2.895*	2.426* 2.033 2.857*	2.92* 2.971* 3.024*	2.033 2.392* 3.028*	2.946* 2.486* 2.669*	2.044 2.336* 2.93*	2.027 2.044 2.753*	2.043 2.635* 2.026	2.723* 3.003* 3.038*
3	2.021 2.873* 2.539*	2.967* 2.786* 2.445*	2.555* 2.417* 2.837*	2.633* 2.625* 2.039	2.868* 2.284* 3.062*	2.033 2.987* 2.704*	2.621* 2.527* 2.492*	2.276* 2.36* 2.83*	2.968* 2.039 2.401*	2.017 2.041 2.809*

续表

B\A	1	2	3	4	5	6	7	8	9	10
4	2.078 2.938* 2.697*	2.36* 2.754* 2.942*	2.299* 2.907* 2.879*	2.576* 2.61* 2.027	2.026 2.487* 2.466*	2.066 2.762* 2.458*	2.836* 2.716* 2.72*	2.563* 2.971* 2.012	2.643* 2.537* 2.867*	2.011 2.033 2.551*
5	2.059 2.97* 2.097	2.987* 2.043 2.545*	2.908* 2.432* 2.445*	2.556* 2.597* 2.061	2.462* 2.074 2.486*	2.047 2.276* 2.311*	2.023 2.494* 2.567*	2.499* 2.634* 2.627*	2.593* 2.289* 2.771*	2.912* 3.059* 2.066
6	2.002 3.051* 2.748*	2.019 2.315* 2.946*	2.923* 2.526* 2.633*	2.685* 2.088 2.381*	2.676* 3.05* 2.282*	2.289* 2.765* 2.816*	2.437* 2.542* 2.404*	2.886* 2.088 2.362*	2.011 2.72* 2.696*	2.605* 2.923* 2.971*
7	2.439* 2.566* 2.825*	2.058 2.083 2.606*	2.757* 3.023* 2.608*	2.595* 2.389* 2.664*	2.416* 2.328* 2.053	2.609* 2.615* 2.693*	2.839* 2.446* 2.774*	2.064 3.013* 2.828*	2.291* 2.044 2.028	2.907* 2.941* 2.808*
8	2.011 2.788* 2.763*	2.377* 2.444* 2.854*	2.699* 2.633* 2.989*	2.424* 2.097 2.976*	2.025 2.085 2.511*	3.047* 2.696* 2.662*	2.543* 2.791* 3*	2.813* 2.001 2.411*	2.012 2.265* 3.017*	2.079 2.571* 2.031
9	2.521* 2.644* 2.401*	2.901* 2.742* 2.479*	2.926* 2.032 2.041	2.703* 2.721* 2.737*	2.306* 2.931* 2.591*	2.971* 2.633* 2.397*	2.579* 2.965* 2.28*	2.013 2.559* 2.871*	2.078 3.02* 2.088	2.893* 2.99* 2.031
10	2.033 2.461* 2.982*	2.705* 2.276* 2.679*	2.006 2.814* 2.061	2.807* 2.904* 2.579*	2.976* 3.036* 2.647*	3.019* 2.502* 2.664*	2.935* 2.045 2.527*	2.695* 2.75* 2.702*	3.033* 2.36* 2.587*	2.946* 2.45* 2.445*

表 A-16 驾驶员 A 和驾驶员 B 的横摆角加速度变量的 T 检验结果

B\A	1	2	3	4	5	6	7	8	9	10
1	2.333* 2.93* 2.804*	2.584* 2.459* 2.541*	2.095 3.034* 2.423*	2.566* 2.532* 2.281*	2.701* 2.656* 2.561*	2.393* 2.515* 2.799*	2.271* 2.728* 3.035*	2.638* 2.904* 2.562*	2.715* 2.443* 2.362*	3.187* 2.426* 2.738*
2	2.51* 2.772* 3.006*	3.056* 2.666* 3.007*	2.706* 2.013 2.27*	2.985* 2.382* 2.92*	2.63* 2.489* 2.038	2.572* 2.445* 2.967*	2.685* 2.126* 2.436*	2.501* 3.011* 2.09	2.402* 2.981* 2.518*	2.438* 2.925* 2.354*
3	2.036 2.307* 2.703*	2.552* 2.5* 2.835*	3.102* 2.531* 3.212*	2.322* 2.94* 2.025	2.353* 2.623* 2.695*	3.027* 2.69* 3.194*	2.028 2.293* 3.114*	2.819* 2.858* 2.356*	2.504* 2.516* 3.007*	3.195* 2.735* 2.265*

续表

B\A	1	2	3	4	5	6	7	8	9	10
4	2.871* 2.915* 2.46*	2.806* 2.505* 3.115*	3.053* 2.489* 3.017*	2.821* 2.094 2.704*	2.993* 3.04* 3.156*	2.068 2.445* 3.053*	2.964* 2.855* 2.435*	2.077 2.437* 2.891*	2.281* 2.944* 3.082*	2.931* 2.813* 2.481*
5	3.177* 2.142* 2.422*	3.15* 2.86* 2.718*	2.786* 2.643* 2.602*	2.629* 2.438* 2.275*	2.724* 2.665* 2.536*	2.349* 2.768* 2.597*	2.894* 2.816* 2.684*	2.904* 2.727* 3.022*	2.404* 2.828* 2.405*	2.062 2.011 2.336*
6	2.891* 2.277* 2.853*	2.094 2.619* 2.782*	2.767* 2.067 2.845*	2.854* 2.007 2.551*	2.018 2.538* 2.733*	3.255* 2.751* 3.112*	2.456* 2.421* 3.151*	3.005* 2.075 2.71*	2.681* 2.515* 2.072	2.934* 2.663* 2.383*
7	2.717* 2.088 2.848*	3.172* 2.279* 2.873*	2.989* 2.107* 2.887*	2.075 3.249* 2.547*	3.022* 3.151* 2.86*	3.246* 3.108* 2.947*	2.404* 2.611* 2.523*	2.543* 3.129* 2.96*	2.661* 2.664* 2.711*	2.346* 2.497* 2.966*
8	2.985* 2.554* 2.896*	3.201* 2.944* 2.986*	2.829* 3.059* 2.29*	2.9* 3.203* 2.794*	2.053 2.974* 2.063	2.902* 3.18* 2.472*	2.707* 2.576* 2.876*	2.559* 2.833* 2.022	2.405* 2.555* 2.764*	2.987* 2.567* 2.69*
9	3.193* 2.822* 2.988*	3.075* 2.439* 2.023	2.982* 2.704* 2.067	2.753* 3.096* 2.551*	2.355* 3.114* 2.566*	3.182* 2.634* 3.011*	3.159* 2.526* 2.652*	2.324* 2.713* 3.196*	2.95* 3.117* 2.016	2.781* 2.186* 2.637*
10	2.895* 2.321* 3.275*	2.602* 3.164* 3.101*	2.33* 2.826* 2.868*	3.033* 3.174* 2.805*	2.83* 2.345* 2.287*	2.018 3.052* 2.412*	3.249* 2.673* 3.114*	2.001 2.447* 2.828*	2.712* 2.826* 3.05*	3.109* 2.485* 2.53*

附 录 B

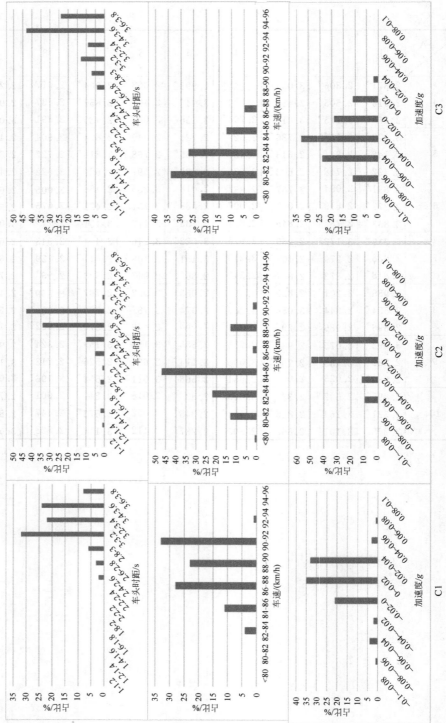

图 B-1 驾驶员 A 的跟驰三阶段的车头时距、速度、加速度统计结果

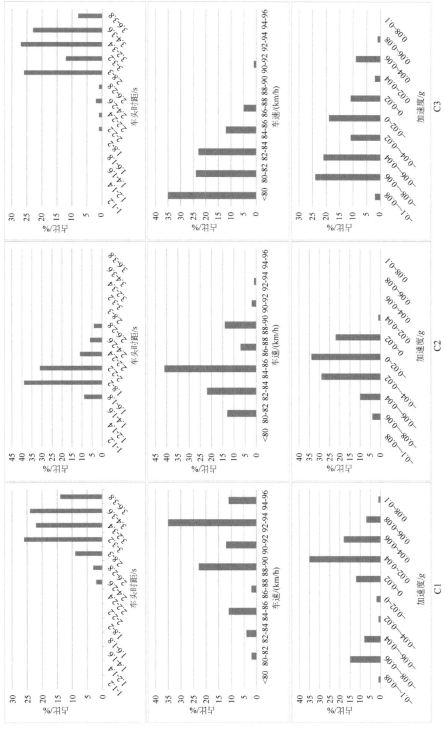

图 B-2 驾驶员 B 的跟驰三阶段的车头时距、速度、加速度统计结果

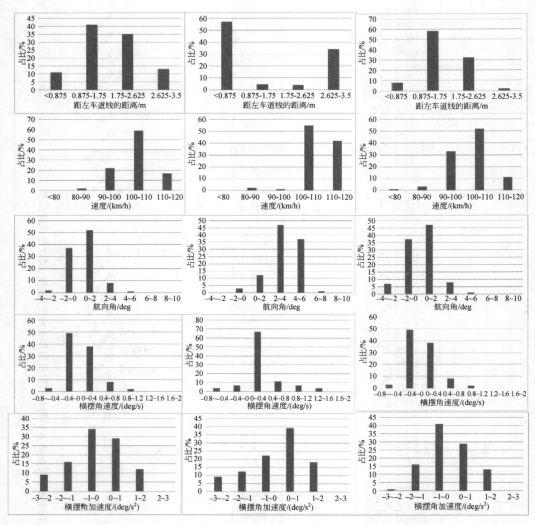

图 B-3 驾驶员 A 的换道三阶段的统计结果

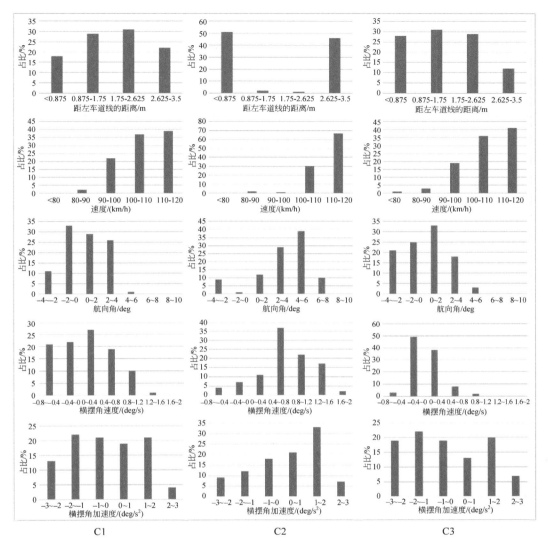

图 B-4 驾驶员 B 的换道三阶段的统计结果